앞산이 보이지 않는다

현 대 수 필 가 1 0 0 인 선 · 72

앞산이 보이지 않는다

박영자 수필선

좋은수필사

■ 책머리에

수필은 누구나 부담 없이 읽고, 마음만 먹으면 직접 쓸 수도 있는 가장 친근한 문학이다. 다른 영역의 문학이 영상매체에 밀려 신음하고 있는 중에도 수필 인구만은 날로 증가하여 바야흐로 수필 전성시대를 구가하고 있는 이유도 거기에 있을 것이다.

시대적 추세에 힘입어 수많은 수필전문지, 수필동인지가 창간되고, 이에 비례하여 신진 수필가도 날로 늘어나다 보니 이제는 그 많은 작가, 그 많은 작품 중에서 문학성 높은 작품을 가려 읽는 일이 쉽지 않게 되었다. 이런 현상은 작가에게나 독자에게나 결코 바람직한 일이 아니다. 더 나아가서는 수필을 연구하는 후세들에게도 큰 부담이 될 것이다.

이런 문제를 해결하는 데는 출판인도 마땅히 한몫을 감당해야 한다는 평소의 소신에 따라, 본사가 기꺼이 그 역할을 맡기로 했다. 그 첫 번째 사업으로 시대를 대표할 만한 수필가 100인을 선정하고, 작가가 자선한 40편 내외의 작품을 수록한 문고본을 발간하여 이를 널리 보급함으로써 그 소임을 다하고자 한다.

본사는 사명감을 가지고 이 사업을 추진해 나가기로 했다. 작가 선정을 전담할 편집위원회를 구성하고 전권을 위임하여 일체의 사적인 정실이나 청탁을 배제함으로써 전문성과 공

정성을 확보해 나갈 것이다.

따라서 이 기획물 속에는 작가의 문학정신뿐만 아니라, 본사의 문학사적 기여 의지와 편집위원 제위의 수필문학에 대한 애정과 문인으로서의 양심이 함께 담겨 있음을 자부한다. 다만, 작가를 선정하는 기준에는 많은 견해의 차이가 있을 수 있고, 선정 과정에서도 미처 챙기지 못한 부분이 있을 것이라는 사실만은 인정하지 않을 수 없다. 이 점에 대해서는 관계자 여러분의 양해 있으시기 바란다.

이 시리즈의 발간 순서는 작가, 또는 본사의 사정에 의한 것일 뿐 그 밖의 어떤 기준도 적용하지 않았음을 밝힌다.

본 기획물이 시대를 초월한 많은 수필 애호가들의 관심과 애정 속에 우리나라 수필문학 발전에 한 이정표가 되기를 바랄 뿐이다.

2010년 8월

좋은수필 발행인 서 정 환

현대수필가 100인선 간행 편집위원 박 재 식 최 병 호

정 진 권 강 호 형

변 해 명

| 차례 | 현대수필가100인선 · 72

1_부

2_부

3_부

4_부

1부

연암의 원 샷

열하일기에 등장하는 '먹을 거리'를 꼽는다면 술일 것이다. 연암은 길 떠나기 전 제의祭儀를 행한다.

혼자서 말없이 잔 부어 마실 제, 동쪽으로 용만 철산의 모든 메(山)를 바라보니 만첩萬疊의 구름 속에 들어 있었다. 이에 술 한 잔을 부어 문루 첫 기둥에 뿌려서 스스로 이번 길에 아무런 탈 없기를 빌고 다시금 한 잔을 쳐 다음 기둥에 뿌려서 장복과 창대를 위해 빌었다. 그리고도 병을 흔들어 본즉, 몇 잔 더 남았기에 창대를 시켜 술을 땅에 뿌려서 말을 위하여 빌었다.

만일, 연암에게 술이 없었다면 조선의 열하일기는 탄생되지 않았을지도 모를 거라는 생각이 든다. 몸집이 크고 건강했던 연암은 암울한 당쟁 시절 야합이 마음에 들지 않아 우울증에 시달릴 때도 그의 곁에는 술이 있어 독작을 해도 외롭지 않았다. 술 없는 문객이 있었던가? 이백도 평생을 집 떠나 다녀도 외롭지 않았고 그의 시상의 발원은 술이었다. 연인처럼 함께 했던 술은 끊을래야 끊을 수 없는 관계였으리라.

마주 앉은 사람과 마시면 연인이 아니어도 연인 같아 보이는 것이 술의 속성이다. 슬퍼서 한 잔, 울적해도 한 잔, 기뻐도 한 잔이다. 연암은 틈만 나면 술을 마셨다. 좋아하기도 하지만, 무엇보다 술이 있는 분위기를 좋아했다. 낯선 땅 잠행을 나가면 말은 통하지 않았어도 상대가 누구이든 필담으로 혹은 손짓으로 말을 이어가며 그들과 술을 마시고 그곳의 풍습, 지리, 정치, 경제, 예술, 문화, 천문에 관한 이야기로 나라의 이익이 되는 일에 촉각을 세웠다. 열하에 도착한 연암은 기진맥진한 몸인데도 홀로 뜰에 나와 달을 보고 독작을 한다. 달이 이처럼 밝은데 어찌 마시지 않으리오… 어찌 달빛뿐이었으랴. 밥은 못 먹어도 술집만 보면 그냥 지나치지 못한 연암이 언듯 보면 술이 사람을 먹는 것인지 사람이 술을 먹는 것인지 분별없는 것처럼 보이지만, 시장터에서 새 장사와 곤충을 보릿대에 가둬 파는 신기한 장면을 보고는 아이 같은 마음이 되어 술 취한 듯 신바람이 나 낯모르는 상인들과 허허롭게 지낸 그 인간성, 연암의 일기는 그래서 읽고 또 읽어도 들었던 책을 놓을 수가 없다.

풍경 좋은 시냇가에서 운치 있는 주루酒樓에 올라 사방을 둘러 보며 낯선 장소임에도 여러 사람과 흉금을 터놓고 취하도록 마시는 연암, 막북행정록漠北行程錄의 탄생은 과정이 특이해 더 마음을 잡는다. 이름 석 자 세상에 알리고 부귀영화를 누리고 싶은 욕심이 있었다면, 연암은 과거에 응시해 한몫 잡는 벼슬도 했을 것이다. 하지만, 이름 알리기를 원치 않은 연암이 험하디험한 북방의 요새 고북구를 지나며 먹을 갈 물이 없자 번개처럼 지나는 생각이 있었다. 몇 방울 남겨 놓은 술로 먹을 갈아 이슬에 붓을 적셔 여남은 글자를 바위에 새겼다. 후일 막북 행정록을 탄생시키긴 했으나 그의 행위는 지금까지 연암의 뜻과 너무 달라 웃음 짓게 하는 대목이다. 연암의 행위 속에 재미있는 장면이 많이 있지만, 투전판 뒷전에 앉아 홀짝 홀짝 술을 먼저 마시고 있는 연암을 떠올리면 그의 앞에서 렌즈의 초점을 맞추고 있는 듯 환상이 아닌 그의 숨결을 느끼게 된다. 일행은 술값을 벌자며 투전판을 벌인다. 뒷전에 앉았지만, 남보다 먼저 술을 먹게 되었으니 그도 나쁠 것은 없었으나 그렇다고 술만 먹고 앉아 있을 연암이 아니었다. 그의 더듬이는 촉각을 세우고 눈에 닿는 모든 것은 문학과 연결되었다. 마침 벽을 사이에 두고 가냘픈 여인의 목소리가 꾀꼬리가 우짖는 듯하여 슬그머니 일어나 목소리를 따라갔다. 절세의 미인이리라 생각하고 일부러 담뱃불을 붙이는 척, 부엌에 들어가 곁눈질을 하고 보니 나이 쉰도 넘어 보이는 여인이 목소리와 다르게 사납고 못생겼다. 머리 쪽에는 꽃을 꽂고 금비녀 옥 귀걸이에 분

연지를 바르고 검은 통바지에 촘촘히 은단추를 달았다. 발엔 풀, 꽃, 벌, 나비를 수놓은 신을 신었다.(도강록) 취중에도 이토록 섬세하게 한눈에 볼 수 있었던 것 또한 술이 아니고서야 어찌 여염집 부인을 그토록 자세히 관찰할 수 있었을까. 술은 연암에게 문학의 동반자며 진지한 글쓰기였다.

날짜에 맞춰 열하에 도착해야 하는 사절단의 고행은 고지를 탈환해야 하는 전사들과 다름이 없었다. 하룻밤 사이 아홉 번을 강을 건널(일야구도하기一夜九渡河記) 때는 오직 천행을 믿는 것뿐이다. 강바닥은 매끄러워 사람은 말을 믿고 말은 발을 믿으며 발은 강바닥을 믿고 생사를 넘나들며 도착하기까지 하인들은 길을 가며 자는 사람도 있었다. 연암 역시 말안장에서 기울어지고 비틀거려 누가 말을 물으면 헛소리처럼 대꾸를 한다. 얼마나 졸렸으면 길가의 돌에다 대고 맹세를 했을까. "내 장차 연암 산중에 돌아가면 옛 희이 선생(希夷先生 한번 잠이 들면 천일씩 잤다는 도사)보다 하루를 더 자서 이길 것이고 코고는 소리에 놀라 천하의 영웅이 젓가락을 잃게 하여 미인으로 하여금 놀라게 할 것이다. 전시와도 같은 강행군을 하고 어찌 밥이 넘어 갈 수가 있었으랴. 수저가 천 근이고 혀가 백 근이었다. 그 와중에도 연암은 그냥 쓰러지지 않고 객주 집에서 청심환 하나를 술값으로 주고 술 한 잔을 잊지 않고 마신다. 연암의 연행록에는 많은 에피소드와 해프닝이 있지만 이 대목은 몇 번을 읽어도 재미있다.

열하에 도착해서 거리를 어슬렁거리다 한 술집에 들렀다. 마침 몽고와 회자(위그루족)패거리들이 수십 명 술집을 점거하고 있었다. 앗차! 생김새가 험상궂고 사나워서 잘못 들어선 것을 알아 차렸으나 이미 때는 늦었다. 중국은 술을 저울에 달아 파는 것을 나도 이번 여행에서 처음 알았다. 북진에서 내려 시장을 들렀는데 드럼통만 한 술통에 붉은 글씨로 술 이름을 적고 손님이 원하는 만큼 저울에 달아 파는 것을 보았다. 술잔도 우리와 달라 살구씨 반쪽만 한 그릇에 그것도 홀짝거리며 마신다. 연암은 그들의 덩치에 기가 죽었지만, 기지는 보는 이의 기를 완전히 압도하고 만다. 주인이 웃으며 작은 술잔 네 개를 벌려 놓았다. 기선을 제압하기 위해 그는 담뱃대로 그 잔을 확 쓸어 엎어 버리고 "큰 술잔을 가져와!" 한다. 모두 부어서 원샷으로 단숨에 들이켰다. 몇 명이 연암에게 다가와 머리를 조아리며 함께 앉기를 청하고는 그 중 한사람이 자기 자리에 앉으라고 간곡히 권하는 것이었다. 한 번 더 원샷. (태학유관록太學留館錄) 이 얼마나 통쾌한 장면인가. 나는 연암의 이 호방한 모습에서 인조가 병자호란에 무릎을 꿇었던 서글픈 역사의 부끄러움이 한순간 날아가는 느낌이었다. 연암의 글이 평이하게 써나가다가 갑자기 방향을 틀어 역으로 나가듯이 기지를 발휘한 대목에서 열하일기를 그토록 읊조리며 읽게 한 매력이 이것임을 알았다. 열하일기를 읽고 있으면 나는 마시지 않고도 취한다.

신발 이야기

백화점에 갔다가 일층 구두점에 전시된 회전판 앞에 발을 멈춰 섰다. 두 짝을 45도로 엇비슷하게 진열한 구두가 보조 받침대 위에서 서로 다른 각도로 맵시를 뽐내고 있다. 반짝이는 은색 가죽에 구두 코 앞에 붙은 장식은 핏빛처럼 붉은 장미꽃이 달려 있다. 생활이 나아지면서 구두에도 유행이 따르지만, 구두에까지 거금을 주고 유행을 따르고 싶지는 않다는 생각을 했는데 지금 나는 그런 것 다 잊고 신발 앞에 서 있다. 신어 보기만 해도 값을 치러야 한다는 조건이 따른다 해도 억제할 수 없는 충동에 상점 안으로 들어가 앉았다.

심리학자 콜레트 다우링은 현대 여성의 콤플렉스 중 신데렐라 콤플렉스가 있는데 중년의 여성들은 웬만큼 아이들을 키우고 나면 권태로움이 찾아와 일상적인 생활로부터 일탈하여 스스로의 존재가치를 높이고 싶은 충동을 갖게 된다는 것이다. 자신을 위해 백마 탄 왕자가 유리 신을 들고 찾아 올 것 같은 환상에 젖기도 해 값비싼 구두로 정신적 위안을 받으려 한다는 것이다.

하기는 마놀로블라닉(이태리 브랜드 신발 이름)신발이 상상을 초월하는 값인데도 없어서 못 판다는 말을 들었다. 검정 고무신도 귀하게 여기며 논둑을 걷다가 사람이 보이면 들고 있던 고무신을 꿰신었다는 1920년대와 지금의 상황은 너무도 달라 격세지감을 느끼지만, 상반된 신발의 변천사를 보고 있으면 가난했던 시절을 딛고 오늘의 경제성장을 이룬 것이 신발의 변천사와 무관하지 않다는 생각이 들어 신발 앞에 꿇어 앉아 절이라도 하고 싶은 심정이다.

중국에서 제일 값나가는 신발은 당나라 현종 때 양귀비의 신발이다. 그녀가 죽은 다음 이웃에 사는 한 노파가 신발 한 짝을 주워 구경시키는데 보기만 하면 10금, 만져보면 50금, 신어보면 100금을 받아 벼락부자가 됐다는 이야기가 있다. 그것이 사실인지는 모르지만, 수천 켤레가 넘었다는 이멜다의 신발을 가진 사람이 있다면 후손에게 넘겨 줄 재산으로 치부하고 있을지도 모르는 일이다.

내가 화가라면 나는 신발의 역사를 그리고 싶다. 머리말에 고무신을 두고 잠드는 아이의 모습, 댓돌 위에 씻어 놓은 스님의 흰 고무신, 앞곰치를 살짝 들고 끌듯이 가는 거전예종擧前曳

踵의 품위 있는 모습, 이런 모습을 형상화한다면 예술성 높은 그림이 될 것이다.

영화 '천국의 아이들'은 궁핍하고 절박한 상황에서도 해맑게 자라던 남매 '알리'와 '라라'의 이야기다. 단 한 켤레뿐인 '라라'의 낡은 구두를 수선하러 간 오빠 알리는 실수로 동생의 헌 신발을 잃고 집으로 돌아온다. 집세도 못내는 부모에게 차마 말할 수 없어 알리의 커다란 신발을 동생과 바꿔 신고 학교를 다니기로 둘은 부모 모르게 약속한다. 오전반인 동생은 공부가 끝나기 무섭게 슬리퍼를 신고 골목 어귀에서 기다리는 오빠와 바꿔 신고, 오후반인 오빠는 헐레벌떡 벗어주는 동생의 신발을 신고 학교로 달린다. 남매의 사정을 알 리 없는 선생은 번번이 지각하는 알리를 이해하지 못한다.

어린것들의 초조해 하고 불안해 하는 장면이 반복되는 단조로운 화면이지만 나는 조금도 지루하다는 생각이 들지 않고 남매의 뜀박질이 가슴에 잔잔한 파문을 일으키는 것이다. 콧등이 낡아도 빗물이 들지 않으면 새 신을 사 주지 않던 유년의 추억 때문만은 아니다. 남매의 애틋한 정리에 고국을 떠나 살고 있는 오빠 생각이 났기 때문이리라.

신발에 얽힌 잊을 수 없는 추억이 있다. 봉급생활을 청산하고 자영업을 시작하자 생산되는 숫자와 이익이 맞지 않아 공장은 거듭되는 적자를 이기지 못했다. 아이 넷을 고아원에 보내야 할 것 같은 불안이 엄습했다. 그때 나의 신발은 다만 필요에 의해 신었을 뿐, 신발이 주는 기쁨도 애착도 아름다움도 없었다. 가야할 곳은 많고 발이 신을 신었는지 신이 발을 보호하는 것인지도 의식하지 못한 채 명태 같이 마른 몸으로 갈 곳, 못 갈 곳을 헤집고 다닐 때 검정 단화는 나의 몸이 되어 주었다. 그러나 힘든 눈밭을 함께 헤집고 다니던 그 신이 필요치 않게 됐을 때, 나는 미련 없이 그것을 던져 버렸다. 원망도 후회도 하지 않고 내 곁을 떠난 신발들, 죽음에 이르러 나도 이들처럼 원망 없이 이 세상 떠날 것이라고 다짐하면서….

어둠이 강물처럼 흐르는 마당으로 나와 하늘을 본다. 불가에서는 번뇌로부터 자유로우려면 모든 것으로부터 연을 끊으라 한다. 이제는 모든 것을 하찮게 보아 인연을 끊는 일이 쉬울 때도 되었건만. 이즈막 두 번의 이사를 하고도 그간에 신던 신발을 버릴 수가 없다. 페인트가 묻고 뒤꿈치가 꺾여 이 구석 저 구석을 들여다봐도 멀쩡한 곳이 없는데 버리지를 못한다. 생활이 궁핍할 때는 미련 없이 버리던 것을 이제는 추억 때문에 간직하고 싶다. 비싸면 비싼 대로 작으면 작은 대로 이름에 이끌리고 모양에 이끌려 신발은 나를 붙잡는다. 아침에 버렸다가 저녁이면 다시 들고 들어오는 나는 부질없는 것, 불필요한 것, 소용없는 것에 마음을 쓴다. 이 욕심을 언제까지 안고 살 것인지….

무사경 고람수가

제주 공항에 내리니 80세쯤 되어 보이는 노모가 아들 며느리인 듯한 신랑과 각시의 손을 잡고,

"어떵사 곱단 아기 대령왕?"

하며 아들을 바라보는 눈이 아득하다. 고개를 돌려 옆에 있는 색시 손을 잡으며

"속암쩌 하영 속암쩌."

한다. 알아들었는지 못 알아들었는지는 모르겠으나 잡힌 손을 그대로 하고 웃기만 한다. 제주도로 시집간 새색시가 이 말을 듣고 속은 결혼인 줄 알고 이혼까지 생각했다는 말도 있다. 제주도에 오느라 많이 수고했다는 이 말을 외지에서 온 새색시가 어찌 알아듣겠는가. 나는 그 노인의 투박한 제주도 사투리를 들으며 자신의 잘못도 아니면서, 아버지의 부채 때문

에 야반도주로 고향을 떠나온 일본의 작가 다쿠보쿠의 심정을 떠올려 보았다. 고향이 그리우면 정거장에 나가 고향 사투리를 들었다는 작가의 모습을… 빚 때문에 다시는 갈 수 없는 고향을 그리워하며 고향의 숨결을 느끼고 싶어 작은 정거장에 나가 나무 기둥에 몸을 의지해 귀를 기울이고 서 있는 한 남자의 모습이 눈에 선하다.

사투리는 기후와 지형 환경과도 관계가 있다고 한다. 추운 지방의 사투리는 억세고 투박하지만, 평야를 끼고 있는 지역의 사투리는 부드럽고 온화하다. 언어 연구가는 경상도 말이 억센 것은 태백산맥과 소백산맥의 기운 때문이라고 말한다. 그런 것으로 본다면 기후만의 영향도 아닌 것 같다.

감정은 이성이 모르는 곳에 자신의 도리를 갖고 있다고 하지만, 사람을 평가할 때 상대가 어떤 사람인지는 상관없이 지역적 선입견 때문에 마음을 상해 불화를 일으키는 예를 많이 보았다. 그런 오해를 풀어 놓기라도 하려는 뜻이었는지 지방감정을 조크로 풀어 놓은 것을 듣고 통쾌하게 웃은 일이 있다.

전라도 옹기점 주인이 물건을 팔고 있다. 경상도 사람이 묻는다.

"이놈은 얼마이고 저놈은 얼마요?"

주인이 노기 없이 대답 한다.

"이년은 5,000원이고 저년은 10,000원이요."

한국의 카사노바가 지방마다 다니며 여인과 사랑을 하였다.

서울 여자와 자고 나서 여인이 하는 말,

"즐거웠어요."

경상도 여인은 홍안에 웃음을 띠고

"이제 니는 내끼라예."

전라도 여인은 치마를 휘두르며

"앞장서시오."

얼굴을 대하지는 않았지만, 그의 뒷모습은 당차고 생동감이 넘쳤으리라. 남편의 고향인 제주도 여인이 말한다.

"속심屬心합서."

마음을 묶으라는 말인데 숨은 뜻은 아무에게도 말하지 말라는 뜻이다.

질박한 사투리를 듣고 있으면 그 지방 사람들의 성격을 보는 듯하고 잊었던 추억이 떠올라 어머니를 만난다.

유년을 경상도에서 보내고 서울로 올라왔으니 잊을 만한 세월이 지났는데도 집안이 모여 걸쭉한 경상도 사투리로 떠들고 나면 가슴속에 뭉쳐 있던 그 무엇이 한 순간에 날아가고 경쾌한 기분이 들어 새로운 희망이 솟는다.

나와는 다르게 남편은 아무리 좋은 말이라도 경상도 말은 한판 격투를 벌일 듯 억양이 격해 듣기가 거북하다는 것이다. 부부가 집안 흠으로 다툼이 있다는 말은 들었어도 사투리가 싫다고 다투는 집이 있다는 말은 내 생전 들어 보지 못했다.

시누이님이 함께 살기로 하고 서울에 오셨다. 섬에서 살면서 육지에 나와 본 일 없는 시누이의 말은 토속적인 방언이었다. 저녁을 차려 식구가 앉는데 시누이는 미처 앉지 않은 동생이 답답해 보이셨던 모양이다.

"맨드롱 홀 때 혼저 왕 먹으라게."

큰 아이가 제 방에서 빨리 나오지 않는 것이 또 답답하셨다.

"요세 아이덜 호강 함쩌 경 호난 호꼽호민 아프곡 울곡 함시네."

따뜻할 때 빨리와 먹으라는 말과 요새 아이들 너무 편안하게 산다. 그래서 조금만 하면 아프고 울고 한다는 말로 어찌 알아듣겠는가. 시누이는 나를 바라보며,

"알아지쿠카(알아 듣겠느냐?)."

했다. 이제야 쉬운 말이지만, 그 때는 외국어보다 어려웠었다.

경상도인 아내와 제주도인 남편이 만나 결혼을 하였지만, 유가사상이 뿌리 깊은 남편이 어찌 나를 따라 경상도 사투리를 배우겠는가. 내가 제주도 말을 배우는 수밖에 없는 노릇이었다. 먼저 명사와 동사, 부사 형용사로 나누어 외우기로 하였다.

명사 :

바닷 길 – 바당길, 비바리–처녀, 어멍–어머니, 아방–아버지, 구재기–소라, 보름 –바람, 모심–마음, 좀녀–해녀, 낭–나무, 할망–할머니, 할아방–할아버지, 똘–딸, 너영 나영–너하고, 나 하고, 아주망–아주머니, 구덕–물, 항아리, 녁–저녁, 젯놈–세쨋, 놈 당–친척,

배기–귀쪽, 돗괴기–돼지고기, 강알트멍–사타구니, 꽝–뼈, 판이–얼굴, 조금 태기–겨드랑이, 가달–다리, 꼴–얼굴, 대망생이–머리

동사 :

왕–오다, 고르치멍–가르치며 살멍–살다, 두루멍–달리며, 혼저–어서, 갈라지다–헤어지다, 거찌다–건드리다, 호다–박자의 강함, 고끼다–숨 막히다, 말하우다–말합니다. 보곡–보다. 고람–말하다. 놀당–놀다. 봅서–보십시오. 고르치몽–가르치며, 버리멍–버리다. 곱지다–숨기다, 곤작 싸다–재주 넘다, 데꺼불다–던저버리다, 되싸지다–갈라지다, 몽캐다–느리다, 베르싸다–속이보이게 열다, 쎄울르다–고함치다, 소도리호다–소문내다, 조글리다–간지럽히다, 심백 호다–겨루다, 옵서–오십시오,

형용사 :

가베또롱호다–가뿐하다, 간드렁호다–시원하다, 고득–가득, 돌코롬–달콤, 멘도롱–따뜻함, 왁왁–캄캄한, 모르쿠다–모르겠습니다, 되영–되어서, 아득호게–아득하게,포근하우다–포근합니다, 그리움이우다–그리움입니다, 곱들락–곱고, 메끄러운 호곤–혹시나, 호꼬씩–조금씩, 피엄 촘말로–정말로, 쑤다–피었습니다,

부사 형용사;

부치러울—부끄러울, 저들지 말앙—걱정하지 말고, 촘고촘으멍—참고참으며, 기여—그래라, 호멍—하면서, 얻었수게—얻었습니다, 요망지다—똑똑하다, 조짝 호다—불쑥 나타나 있다, 좀질다—가늘다, 패랍다—까다롭다, 펀드렁 호다—시치미 떼다, 고렵다—가렵다, 모드락 호다—한곳에, 모여 있다. 거렁청 호다—분수가 없다, 코소롱 호다—구수하다, 쎔찌근 호다—지긋지긋하다.

대충 이곳에 맞추어 책을 읽다 보니 웬만한 말은 이제 다 알아 들을 수 있게 되었다. 주로 명사에서 나타나는 준말이 특징인데 까닭을 물으니 제주도는 바람이 세서 말을 줄여 쓰기 때문이라고 한다.

자라온 날보다 남편과 살아 온 날이 두 곱을 넘겼으니 남편의 고향이 이제는 내 고향이 되었다. 집안 시제가 있는 날 내려가면 내가 먼저 제주 말로 인사를 한다.

"낭이랑 꽃이랑 잘도 곱디다."

그러면 영이 어머니가 대답해 준다.

"곳작 호게 걸어 감시민 하영 많수다."

"강 방 옵서."

방안에 활기가 넘친다. 함께 살며 내가 지치면,

"살민 살 맛 날기라."

하고 위로해 주던 시누이는 지금 병상에서 나를 알아보지도 못한다. 인생은 촘말로 허망해 마씀.(인생이 참으로 허망합니다.)

"어머니 미안해요." 네 가지

청와대

미국에서 오빠가 온다고 하면 어머니는 애인을 기다리는 여인의 모습이 된다. 늙어서 기댈 곳은 아들뿐이라는 생각이 절대적이어서일까? 딸의 집에 오시면 문전에서 되돌아가셨다. 그것이 사위에 대한 어머니의 자랑이며 자존심이었다. 그러나 오빠와 함께 여행을 가시자면 그렇게 좋아할 수가 없었다. 언젠가 내가 제일 행복한 시절이 언제였느냐고 물었더니 어머니는 생각할 틈도 없이

"우리 세 식구 함께 살 때"

하셨다. 오빠와 내가 학교에 가려고 집을 나설 때면 어머니는 우리가 멀리 사라질 때까지 문전에 그냥 그 모습으로 서 계셨

다. 돌아보면 나 또한 그 때가 가장 행복한 시절이었다.

세 식구가 함께 떠나는 것만으로도 즐거워하시는 어머니를 위해 용평을 가기로 하였다. 오빠도 모처럼의 한국 나들이가 즐거운지 아이처럼 휘파람을 불며 운전대에 앉았다. 차에 오르자 어머니는 혼잣말로 “아! 참 좋다.” 하셨다.

물어물어 찾아간 용평은 생각보다 너무 멀고 더웠다. 30도가 넘는 더운 날씨에 모르는 길을 찾아가느라 3시간이나 걸려서 목적지에 도착하자 어머니는 떠날 때의 기분은 간데없이 방에 누우셨다. 우리도 짐을 내리고 한숨 돌리려는데 전화벨이 울렸다. 국모가 이대 문인들을 초청했으니 참석하라는 통보였다. 청와대라! 내 생전 가볼 기회가 없는 곳, 그것도 초청이라니 이 기회를 놓치고 싶지 않았다. 국모의 초청으로 딸이 청와대에 가겠노라고 하면 어머니는 자랑스럽게 여기고 흔쾌히 대답하시리라고 생각했다. 전화를 끊고 차를 되돌리는데, 어머니는 아무 말씀이 없으셨다.

말 그대로 청와대는 웅장하고 화려했다. 줄을 서서 신분을 확인한 뒤 다과를 대접받고 국모님 말씀 들은 뒤 밥풀보다 작게 나오는 단체사진 찍고 내 생전 이날이 아니면 올 수 없는 곳이라고 기대했던 청와대 방문은 끝나고 각각 헤어졌다. 어머니와 함께 늙어 가면서 무슨 허세로 어머니를 고달프고 서운하게 하였던가?

선물

그 해 나는 어머니를 위해 큰 선물을 하고 싶었다. 아이들의 간식과 반찬값을 줄여가며 일 년짜리 적금을 부었다. 반찬값을 아끼며 상을 차리니 뭐라고 하지는 않지만, 끼니때마다 남편의 눈치를 살피고 너스레를 떨며 마음을 졸였다. 유수와 같은 것이 세월이라 하지만, 매달 붓는 적금만기일은 왜 그리도 멀기만 하던지….

목돈을 쥐고 어머니가 갖고 싶은 것을 물으니 사치라고는 모르던 어머니가 촌각의 망설임도 없이 "밍크 숄!" 하시는 것이 아닌가. 건너 방에 세 든 아주머니가 보따리 장사를 하면서 보여준 숄이 마음에 드셨던 모양이다. 선뜻 어머니 청을 받으니 듣는 내가 더 반가웠다. 딸을 키운 보람이 있었다는 표정으로 나를 바라보던 어머니의 얼굴을 나는 지금도 잊지 못한다.

우아하게 모양을 내고 나서는 어머니의 모습을 상상하면서 집안 모임이 있을 때를 기다렸다. 이것이 딸이 해준 선물이라고 큰 소리로 자랑하실 어머니 모습을 상상하면서… 그러나 해가 거듭되어도 어머니는 숄을 하지 않았다. 외출을 할 때마다 왜 숄을 쓰지 않느냐고 물으면 어머니는 묵묵부답이었다.

우연히, 아주 우연히 내가 어머니 농을 열었을 때, 상자 속에 있던 밍크 숄의 그 허망한 몰골이라니… 기름기 흐르던 그 윤택한 회색빛은 어디 가고 거친 터럭만 안감 위에서 흩어져 있었다. 솔을 들어 올리니 밍크 털이 주르르 그대로 흘러내렸다. 몇 년을 보관만 하고 쓰지 않은 것도 문제였지만, 어머니 혼자 사시는 농을 자주 열 일이 없었을 테고 좀약을 넣지 않았으니 온전할 리가 없었다. 그 후 결혼식에 춥게 나오셔도 나는 외면했었다.

친구 어머니

친한 친구가 어머니를 모시고 20년 만에 미국에서 왔다.

먹고 돌아서면 또 먹고 싶던 시절, 내 어머니에게 하듯 먹을 것을 사 달라고 응석을 부리면 치마를 걷고 바지춤에서 집히는 대로 돈을 꺼내주며 먹고 싶은 것 사 먹으며 공부하라고 하셨다. 그러면 우리는 공부는 뒷전이고 국화 빵집으로 자장면 집으로 직행했다. 무섭게만 여겨졌던 내 어머니와 친구의 어머니는 너무 달랐다. 내가 친구 어머니가 부럽다고 하면,

"네 어미는 남자가 해야 할 일을 해야 하니 따뜻한 어미사랑은 기대하지 마라."

하셨다. 어버이날에 맞추어 친구와 어머니 두 분을 모시고 제주도를 가기로 하였다. 시누이 집을 찾아 갈까 하다가 이름 있는 호텔을 정했다. 지난날의 추억담을 털어 놓으며 바다가 바라보이는 낭만적인 밤을 보내는 호기를 부려보고 싶어서다. 호텔방을 예약하고 의기양양한 기세로 나오는데 어머니의 안

색이 좋지 않았다. 여자들끼리니 방 하나면 되지 왜 비싼 방을 두 개씩이나 예약을 했느냐는 것이다. 남편 없는 자리 잘 못되면 세 식구 길에 나앉는다는 말을 입버릇처럼 하던 어머니는 딸이 돈을 낭비하는 것으로 여기시는 모양이었다. 더욱 불편한 것은 왜 내 딸만 돈을 쓰도록 하느냐는 것이다. 나도 미국에 가면 친구에게 이보다 더한 대접을 받는다고 아무리 설명을 해도 용납이 되지 않았다. 떠나기 전 품었던 낭만은 접어두고라도 친구와 친구의 어머니가 주무실 침대까지 바늘방석이 되었다. 의자에서 몸을 펴지 못하고 누운 어머니의 불편함보다 내 마음이 더 불편했다. 나는 지금까지 참았던 여러 일들을 떠올리며, "어머니가 그렇게 알뜰하게 아낀 것이 무슨 소용 있습니까. 그래서 밍크 숄은 해보지도 못하고 버리셨어요?" 하고 속으로 투덜대며 심기를 달랬다. 심장이 나쁜 어머니는 그날 밤 뛰는 가슴을 안고 괴로워 하셨지만, 나는 모르는 척 등을 돌렸다.

등단식

어려서 줄반장 한 번 못 해본 내가 삼 년 만에 등단을 하여 작은 파티가 열리는 날이다. 어머니는 나보다 더 일찍 몸단장을 하고 우리 집에 오셨다. 다른 문우들이 등단할 때는 남편이나 가족을 모시는 것이 전례였는데 나는 친정어머니와 오빠를 모셨다. 좀 색다른 등단식으로 보이기는 해도 오늘은 나의 잔치라 생각하고 그런 것 개의치 않기로 했다. 하지만 개성이 강한 어머니께는 사전에 말씀을 드려야겠다고 생각했다. 등단식 자리에서는 어머니 뜻은 접어 두고, 식사 때는 소리를 내지 말고 오늘만은 접시를 닦듯이 알뜰하게 들지 마시라고 당부를 드렸다. 어머니의 표정이 잠시 어두워졌지만 불쾌하게 생각지는 않는 것 같았다.

박연구 선생님의 등단 축사가 있은 뒤 강평과 답사가 끝나고 2부 순서가 되었다. 앞자리에서 점잖게 식사하는 어머니를 보며 내가 조금은 효도를 했다는 자부심도 드는 순간이었다.

그런데 사회자가 뜻밖에 어머니께 노래를 부탁하는 것이 아닌가. 미리 알았다면 떠나기 전 준비를 했어야 할 일이었다. 어머니는 서슴지 않고 마이크를 잡더니 이 장소에 어울리지 않는 노래를 기막히게 폼을 잡고 옥타브도 높게 흥에 취해 부르셨다. '산홍아 너만 가고 나만 혼자 버릴소냐. 너 없는 이 천지는 물 없는 사막이요 달 없는 들판이요 불 꺼진 항구이다.' 까지는 좋았는데 연이어 2절을 계속하셨다. '식은 정 식은 행복, 나만 혼자 버릴소냐…' 나는 참다못해 어머니의 무릎을 살금살금 만지며 그만 하시라는 신호를 보냈다. 그러나 나의 신호는 모르는 척, 연이어 3절을 시작하시는 것이 아닌가. 삼절의 가사는 행복했던 사람이 이 세상을 떠나 푸른 무덤을 쓸어안고 우는 내용이었다. 축하연에서 무덤을 쓸어안다니? 나는 쥐구멍이라도 있으면 숨고 싶은 심정이 되었지만 문우들은 어머니의 노래가 기막히니 가사를 적어야 된다며 한껏 어머니의 기분을 살려 주었다.

집에 도착하자 먼저 와 계시던 어머니가 현관문을 열어주고 내 손에 든 꽃을 받으며 희색이 만면한 얼굴이었다. 한 번도 그토록 딸을 자랑스럽게 여기며 대해준 일 없던 어머니였다. 그런 어머님 면전에 나는 "어머니는 어떻게 그런 자리에서 그 노래를 삼절까지 부르세요." 했다.

몇 년 후에 그날 어머니의 심정을 다른 사람에게서 들었다.

– 딸이 등단하던 날 나의 모든 신명은 다 사라졌다고….

어머니는 지금 병상에 누워 딸도 알아보지 못하고 마지막 날만 기다리고 계신다. 어머니께 잘못한 일이 어찌 네 가지뿐이랴 별처럼 많은 잘못을 어찌 다 셀 수 있을까? 별 하나 세고 어머니! 별 둘 세고 어머니! 밤이 깊도록 어머니를 그린다.

이브끄리

볼일이 있어 E여대를 갔다. 정문을 들어서니 착 붙은 청바지에 티셔츠 하나만 걸치고 삼삼오오 짝을 지어 지나가는 학생들의 모습이 젊고 발랄해서 내게도 저런 시절이 있었던가 싶었다. 배꼽이 보이는 옷을 입은 아이들이 발랄하고 예쁘게 보이기는 하지만, 남을 의식하지 않고 차도까지 나와 큰 소리로 대화를 주고받는 젊은이들이 굴레 벗은 망아지 같아 위태로워 보이기도 한다. 아무튼 요즘 아이들의 말과 몸짓에서는 부끄러움 같은 것을 찾아볼 수가 없다. 부끄러움이 없다는 것은 나쁘게 말하면 염치가 없다는 뜻이 되겠지만, 역으로 말하면 용기가 있다는 말일 수도 있다.

어머니는 빈대 갈 자를 가르치며 갈보蝎媬질과 도둑질만 빼면 무슨 일을 하든지 당당하게 사는 것이라고 하셨다. 그러나 유복한 생활을 하지 못했던 나는 하찮은 일에도 부끄러움을 타서, 지난 시절의 추억은 자랑스러웠던 일보다 창피스러웠던 일이 먼저 떠오른다. 다시 소녀 시절로 돌아갈 수만 있다면 나는 분수대로 당당하게 살고 싶다. 신은 죽었다고 말한 철학자 니체의 말은 양심의 문제를 얘기한 것일 것이다. 그러나 내가 말하는 부끄러움이란 양심에 대한 대칭의 말이 아니다. 스스로 가슴을 헤쳐 부끄럽지 않게 자신을 단속하는 일은 또 얼마나 어려운 일인가. 죽는 날까지 하늘을 우러러 한 점 부끄러움 없기를 바라 떳떳하게 노래한 시인 윤동주는 그런 의미에서 용기 있는 시인이었다.

용감함은 아니더라도 부끄럼을 타지 않고 살 수는 없을까? 농가월령가에는 이브끄리라는 말이 있다. 흰쌀이 작은 좁쌀 앞에서 부끄러움을 당한다는 말이다. 이처럼 나는 쌀도 못 되었으면서 당당한 좁쌀이 될 자신이 없다. 부끄러움 없이 신상에 일어나는 일들을 용기 있게 대처하며 자신의 의사를 분명하게 표현하는 사람을 보면 흉내라도 내고 싶지만, 쉽지가 않다.

유럽에서 공개 레슨을 참관한 일이 있었다. 교수가 지도하는 광경을 희망자는 누구든지 볼 수 있도록 개방해 놓은 학교 측의 제도도 좋아 보였지만, 백발의 교수가 손녀딸 같은 어린 아이에게 인격을 존중해 주며 지도하는 모습에서 우리의 교육 제도와 너무 다른 모습을 보고 놀랐다. 노 교수 앞에 선 어린 학생이 바이올린을 옆구리에 끼고 발은 외로 꼰 채 고개만 까닥이며 교수의 말을 진지하게 듣고 있었다. 나는 이러는 학생의 태도가 눈에 거슬려 딸아이에게 저런 모습은 보기에 좋지 않다고 말 하였더니 어머니의 시각이 잘못되었다는 것이다. 정중하면서도 수줍어하는 한국의 유학생들을 이곳 교수들이 처음 대할 때는 호감을 갖고 가르치지만, 시간이 지나면서 부끄러워하는 학생의 태도 때문에 본인의 참뜻이 어떤 것인지 파악할 수가 없어 교수와의 사이에 형성되는 교감에 한계점을 드러내 깊이 있는 문제 분석의 기회를 놓치게 된다는 것이다. 나는 그 이야기를 들으면서 유럽 사람들의 부끄러움은 대인관계에 방해가 된다는 인상을 받았다.

오래된 얘기지만, 내게는 부끄럽고 곤혹스러웠던 이야기 하나가 있다. 어머니가 하는 가내공업 수준의 바클 공장은 대단한 것은 아니었지만, 나이 어린 젊은 여자의 힘으로 운영하기는 힘든 일이었다. 그래도 직원들의 월급만은 날짜를 어기는 날이 없어 전쟁이 나던 일요일 하루 전에 급여를 지불하였다. 인생은 타이밍이라고 하던가. 인건비를 지불하였으니 한 달 쓸 생필품은 일요일 다음날인 월요일에 사입해도 된다며 마음 놓고 있었던 것이 잘못이었다. 하루만, 늦게 전쟁이 났어도 그토록 배고픈 6 · 25 전란은 겪지 않았을 것이다. 먹을 것 없이 당하는 전란은 총칼보다 무서운 것이었다.

해가 기울면 혼자 사는 옆집 할머니는 불안에 떨며 우리 집으로 건너왔다. 식량을 걱정하는 두 분의 근심스러운 얼굴은

늘 밤이 깊어도 끝날 줄을 몰랐다. "우예 댔던지 곡식을 구해 보러 나설랍니더. 자식들 배곯는 꼴을 우예 보겠는교…." 어머니의 말이 빗소리에 섞여 어둠 속으로 사라졌다. 그 말을 듣던 오빠가 눈짓으로 나를 불러냈다. 어머니 모르게 알아 둔 것인데 새벽에 신문을 팔러 나가니 너도 가겠느냐는 것이었다. 나는 생각할 것 없이 대답을 했다. 작은 돈이라도 벌 수만 있다면 어머니를 도와 기쁘게 해드리고 싶었다. 저녁부터 내리기 시작한 비가 아침이 되어도 그칠 줄을 몰랐다. 오빠와의 약속이었지만, 12살 나이로 새벽잠을 깨는 일은 쉬운 일이 아니었다. 더듬거리며 잡힌 신발을 대문간에서 꿰어 신고 졸린 눈을 비비며 골목길을 나섰다.

대한민국이 인민공화국으로 바뀐 서대문 거리는 전란의 공포는 가셨지만, 그것이 3년을 끌게 될 전쟁의 시작임은 알지 못했다. 칠흑같이 어두운 거리를 걷는 우리의 마음은 두렵고 무서웠다. 달 밝은 밤의 적요寂寥가 무섭다고 했지만, 아무도 없는 비오는 날 밤의 빗소리는 더 무서웠다. 어둠의 터널을 지나오듯이 서대문을 지나 무교동에 이르니 불빛이 새어 나오고 광화문, 지금의 동아일보사 건물 앞에 이르니 사방으로 켜 놓은 백열등이 대낮 같이 밝았다. 신문사 앞에는 미리 나온 배달꾼들이 줄을 잇고 있었다. 차례가 되자 신문을 받아든 오빠는 아스팔트길을 튕겨 나가듯이 내달렸다.

확실한 기억은 나지 않지만, 빗길을 달리며 오빠는 매일 아침 "인민민주공화일보"라고 외쳤던 것 같다. 오빠의 그 활기찬 용기가 어디에 있었던가 싶었다. 나는 빗길을 달리는 오빠를 따를 수도 없었지만, 더 힘들었던 것은 오빠처럼 목청껏 신문 사라는 소리를 낼 수가 없는 일이었다.

거리는 아직 어둠에 싸였는데 조용한 집 대문 열리는 소리가 나고 신문을 부르는 사람들이 많았다. 그때는 모든 사람이 신문에 의지해 세상 돌아가는 상황을 알고 판단하는 듯했다.

오빠 손에 들렸던 신문은 다 팔리고, 들고만 따라가던 내 몫의 신문은 그대로였다. 오빠는 싫은 내색 하나 하지 않고 팔지 못한 내 신문을 되돌려 받으며 손에 잡힐 만큼만 주면서 재주껏 팔아 보라고 하였다. 그리고 자신은 또 빗속을 달려 나갔다.

나는 지금의 서울역에서 얼마 떨어지지 않은 염천교를 지나 어느 가게 앞에 섰다. 그리고 조심스레 문을 열고 들어서면서 떨어지지 않는 입을 떼며 "신문 좀 사세요." 하였다. 난로 위에는 보기에도 군침이 도는 김치찌개가 끓고 있어 보지 않으려 해도 절로 시선이 그리로 갔다. 중년쯤의 두 남자가 그런 나를 본 체 만 체하고 수저를 들었다. 나는 용기를 내어 다시 작은 목소리로 "신문 사세요." 했다.

그는 고개를 들지 않고 내 손에서 신문을 받아 들었다. 그리고 큰 활자를 소리 내어 읽은 다음 작은 활자에서는 눈을 떼지 않은 채 오래도록 읽다가 다음 장으로 넘기면서 옆 사람과 서로 진지한 표정으로 무엇인가 한참 이야기를 주고받는데 시국을 걱정하는 것 같았다.

나는 비에 젖은 몸을 난로에 녹이며 고개를 떨군 채 신문값 주기만을 기다렸다. 얼마를 지났을까. 그는 신문을 내게 도로 건네주면서 문을 향해 나가라는 손짓을 하였다.

54년 전 그는 내게 살아가는 일이 쉽지 않음을 일찍 가르쳐주었다. 앞에서 나는 수줍음을 타는 사람이 싫다고 하였지만, 세월은 나를 담금질해서 이제는 적당히 감정을 숨기고 허세도 부리며 살아가노라니 문득, 그때의 내가 그리워진다. 요즈음 나는 구겨진 신문을 돌려받으면서도 부끄러움과 울분을 가슴에 담고 용기 없이 가게 문을 나서던 그런 아이이고 싶어진다.

선물

명절 선물로 무엇을 할까 생각하다가 재래시장으로 나섰다. 어린 나이에는 받는 일이 좋기만 하더니 이제는 주는 선물에 무게가 실린다. 계란 한 꾸러미, 고기 한 근이면 최고의 선물이던 시절에는 사람의 마음도 따뜻했었다. 생활이 나아지면서 선물의 양과 질이 높아졌지만, 마음도 선물만큼 높아진 것 같지는 않다.

물 한 모금도 거저가 없다고 하지만, 마음으로 주는 선물을 어찌 값으로 따질 수 있으랴. 선물의 본질에는 조건이 있어 받는 이나 주는 이의 마음을 짚어 보게 된다. 너무 약소하면 받는 이의 인격을 하찮게 본다는 오해를 받아 제 것 주고도 뺨 맞는 수가 있다. 한 두름에 오십만 원이나 하는 굴비를 없어서 못 판다는 말이 있긴 하지만, 넘치면 상대에게 부담을 주고 잘못하면 누가 되기도 하여 선물하기처럼 어려운 일도 없다. 떡값이 뇌물로 변해 세상을 떠들썩하게 하는 경우는 흔히 보는 일이다. 그러나 선물이야말로 가장 원초적인 인간관계이며 가장 아름다운 표현이 아닐까.

선물은 신들을 달래고 폭군마저 설득시킨다는 말이 있다. 사랑하는 사람들이 오해로 감정이 엉켜 있을 때 안개꽃 한 다발로 마음의 먹구름을 걷히게 하고 굳게 닫힌 마음의 문을 열게 한다.

분가해 사는 아들이 어쩌다 어미 집에 들르면 손자는 낯이 설어 얼굴을 마주치자마자 울음을 터뜨린다. 함께 산다면 선물이 없다고 할미를 보고 울까? 하는 생각에 마음을 바꾸고 손자가 좋아하는 스파이더맨 로봇을 사놓고 기다렸다. 할미의 선물을 받은 후부터 할미 볼에 뽀뽀가 연발이다.

완당의 세한도는 제자 이상적李商迪이 귀양 간 스승을 위해 중국에서 귀중한 책을 선물하자 그 화답으로 그려 선물한 것이라고 한다. 그 때의 심중을 헤아려 알 수는 없지만, 귀양 간 스승을 보필하는 일에 위험이 없을 리 없었을 것이다. 화폭 위에 그려진 '歲寒然後 後知松栢之後凋' (송백이 나중에 시드는 것을 알다.) 세한도는 겨울 날 찾아오는 이 없는 제주도 어느 마을의 정정한 노송 옆에 울타리도 없이 초라한 초가 한 채만이 외롭게 서 있다. 그림을 볼 줄 모르는 나도 예술의 경지를 떠나 마음을 다해 스승을 생각하는 제자의 정성과 그 제자의 마음을 그림으로 표현한 스승의 고마움이 담겨 있는 것 같아 복사본 앞에서도 숙연해진다.

명절이 되면 아파트 마당이 주차장처럼 번잡해지는 선물 배송 차량을 보며 완당과 제자처럼 온기를 담아 보내는 선물이 얼마나 될까, 고개가 갸웃거려진다.

세상을 살아가노라면 잊을 수 없는 일이 있고 잊으며 살아가야 할 일도 있을 것이다. 하지만, 어느 해 세모에 받았던 그 선물은, 잊을 만한 세월이 흘렀는데도 잊히지 않는다.

결혼을 하고 형편이 나아지자 한옥을 사서 수리를 맡긴 일이 있었다. 늙은 아버지와 젊은 아들이 페인트 일을 하는 부자父子를 만났다. 너무 나이가 많아 그 일이 힘들지 않겠느냐고 물으니 펄쩍 뛰면서 일만 맡겨주면 그런 것은 문제가 아니라고 했다.

한옥은 나무에 칠을 입힐 때 끌칼로 묵은 때를 벗겨내고 그 위에 색을 입혀 니스 칠을 하게 된다. 서 있는 기둥이야 마스크를 쓰고 벗겨내면 되지만, 회벽 사이에 노출된 서까래 나무를 벗겨낼 때는 고개를 젖히고 먼지를 뒤집어쓰게 된다. 힘이 들어 입은 저절로 벌어지고, 먼지가 나도 눈을 감을 수가 없다. 그런 모습을 보고 있으면 아무리 시키는 입장이지만 안쓰럽고 미안한 마음에 그냥 보고 있기가 죄인 같았다.

19공탄 한 개를 아끼며 살던 때라 나도 여유로울 리가 없는 처지에 모은 돈을 털어 집수리를 시작했고 계약상의 수리비에는 식사비까지 포함되어 있었다.

어느 날 옥신각신하는 소리가 들려 나가 보니 아버지와 아들이 사다리 위에서 서까래 작업을 자기가 하겠다며 서로 끌칼을 빼앗는 소리였다. 불현듯 기름기 있는 음식이라도 대접해야겠다는 생각이 들어 나는 선뜻 장바구니를 들고 시장으로 갔다.

밥상을 차려내자 삼겹살을 아버지 수저에 올려놓는 아들의 모습은 논어 속의 한 구절을 읽는 듯하였다. 아버지는 죄인 같은 얼굴로 수저만 들 뿐 식사가 끝나도록 말이 없었다.

집수리가 끝나고 이듬해 설이 가까워 오던 어느 날 밤 초인종이 울려 나가보니 정종 한 병을 들고 서 있는 사람은 페인트의 신나 냄새를 혼자 맡으며 아버지의 끌칼을 빼앗던 그 청년이었다. 스승과 제자간의 선물은 아닐지라도 나는 그런 마음으로 그의 선물을 받았다. 아버지의 안부를 물으니 입을 열지 않으려고 했다. 다그쳐 묻는 내 물음을 내칠 수가 없었는지 머뭇거리며 저 세상으로 가셨습니다. 하는 것이 아닌가. 그날 서까래 손질을 하던 아버지 모습을 찾아 온 것은 아니었을까. 신은 인간에게 선물이라는 이름으로 마음과 마음을 결속시키도록 또 다른 마음을 만든 것 같다. 연말이면 고마운 분들께 그 때 그 정종을 들고 온 청년처럼 따뜻한 선물을 하고 싶다.

명절을 앞둔 재래시장은 사람과 물건이 쌓여 발 디딜 틈이 없다. 가족과 본인이 다 만족할 수 있는 선물을 준비해야겠다는 생각에 식료품 상점 앞에 섰다. 인스턴트식품에서 토산품에 이르기까지 없는 것이 없지만 고르기가 망설여진다. 말 한 마디에 천 냥 빚을 갚는다는 말이 있지 않은가.

문득 생각 하나가 떠오른다. 선물은 가벼워도 신년 카드에나 무게를 실어 보내자.

작은 마음 크게 받아 주세요. 라고….

소랑하는 줄 암쪄

시누이가 귤 네 상자를 보내셨다. 선물을 받으면 고맙다는 인사를 전해야 하는데 보내준 정성만큼 고맙다는 생각이 들지 않는다. 먹을 만큼만 사다 먹으면 되는 것을 성치 않은 몸으로 여름내 뙤약볕에서 알알이 가꾸어 놓은 것을 손아랫사람이 염치없이 앉아서 받아먹는 것 같아 마음이 편치 않아서였다.

전화를 걸어 감사하다는 말을 전하니, 지천으로 깔린 귤을 감당할 수 없어 그 자리에서 따 버리고 거름으로 쓰는 형편이라 먹어주는 것이 고마운 일이라고 하였다. 많으면 천하고 없으면 귀한 것이 생활의 질서라고는 하지만, 임금님께만 진상하였다던 귤이 홀대를 받고 있는 과일가게 앞을 지날 때면 문종이 귤 맛을 사랑하여 집현전에 보낸 귤 접시 밑에 남겼다는 시가 생각난다.

'단향목은 코에만 향기롭고/ 기름진 음식은 입에만 마땅한데/나 제주 귤을 사랑하는 뜻은 코에도 향기롭고 입에도 향기롭기 때문이다.'

나라에서 과거 시험 날을 정할 때는 코에 향기롭고 입에 달듯한 인재를 뽑는다는 뜻으로 귤이 제주도에서 올라오는 시기에 맞춰 잡았다고 한다. 해마다 궁중으로 보내는 귤의 수가 수만이었고 일본에서 생산되는 귤도 삼국시대에 신라로부터 일본으로 귀화한 다지마(田島間守)가 730년 제주도에서 가져간 것이라고 하니 당시의 귤의 위상이 어떠했는지 알 듯하다.

나무도 사람처럼 수난만큼은 피해 갈 수 없는 것인지 고려때는 열매가 달리면 관가에서 나와 꼬리표를 달아두고 숫자를 기록하였다가 납품 개수가 모자라면 벌이 떨어졌다. 그 벌이 너무나도 가혹하여 민초들이 생각해 낸 것이 나무를 없애는 일이었다. 나무그루에 송곳으로 구멍을 파고 후춧가루를 붓거나 상아 뼈를 박아 울면서 귤나무를 자연사시켰다고 한다. 멸종되어가던 귤이 다시 재배된 것은 1300년 전 일본으로 건너갔던 손자나무가 되돌아와 퍼진 것이다.

공해 속에 살면서 껍질 채 먹을 수 있는 과일이 몇이나 되던가. 젊어서는 좋아하는 과일은? 하고 물으면 사과하였다. 껍질째 깨무는 첫 맛의 싱그러움과 경쾌한 소리는 생각만 해도 입안에서 향기가 돈다. 그러나 귤은 껍질째 별처럼 둥글게 썰어 뷔페상에 올리면 원색의 과즙이 화려해서 기품이 있고 껍질째로 손에 쥐면 잡는 이의 손에 순응하는 온정이 있어 가진 자에게나 못 가진 자에게나 사랑받는 과일이다. 칼 없이도 때와 장소를 가리지 않고 길을 가다가도 먹을 수 있는 것이 귤이다. 바쁜 날은 주머니에 넣고 다니다 허기를 채우는데 안면 없는 사람에게 권해도 예의에 벗어나지 않고 지하철에서 우는 아기를 주면 단 것을 주는 것보다 보호자가 싫어하는 기색이 없어 좋다.

새콤달콤한 맛이 미각을 자극하면 첫 맛의 거부감보다 끝맛의 유혹에 끌려 손을 뗄 수가 없다. 두 손으로 껍질을 벗기면 8~12개의 알알들이 반달모양으로 서로를 의지해 알몸을 웅크리고 있다가 먹는 이에게 온전히 내맡기는 묵언의 희생자다. 껍질을 벗기다 손톱이 빗나가 속살이 터졌다. 제 몫을 다 주고 희생해도 못다 준 정이 안쓰러워 괴로워하는 눈물 같아 흐르는 과즙에 입이 절로 따라간다.

전깃불도 들어오지 않던 시절, 나의 제주 시댁과의 첫 만남은 성난 바람이었다. 황량한 들녘의 억새풀이 바람에 흩날리고 드문드문 웅크리고 엎디어 있던 오름의 음산함은 두려움이었다. 그러나 가진 것은 없어도 마음이 따뜻했던 친척들은 상처 난 귤을 가슴에 품고 와 귤나무 한 그루면 자식 놈 대학 걱정은 없다며 귤나무 자랑이 자식 자랑보다 더했었다. 만면에 웃음을 가득 담고 "소랑하지 않는 소람 앞일랑 먹지 맙서. 눈을 찡그리면 애! 소랑 하는 줄 암쪄."(사랑하지 않는 사람

앞에서는 시다고 눈을 찡그리고 먹지 마세요. 사랑하는 줄 아니까요.) 했다. 그 때는 알아들을 수 없는 농담이었지만 조카의 안면에 자부심이 가득 차 있었던 그날의 기억을 나는 잊지 못한다.

인적 없는 귤 밭에 내려가 달빛을 마주하고 서 있다. 온 들녘이 흰 도화지처럼 눈을 이고 있어도 검푸른 잎으로 눈을 털고 서 있는 귤나무, 달과 나무와 내가 묘한 조화를 이루어 우주의 삼라만상이 하나 되는 느낌이 된다.

집안에 경사가 있어 제주도에 내려갔을 때였다. 새해가 가도 길가에 따지 않은 귤이 달려 있어 이유를 물으니 인건비가 귤 값을 따르지 못해 그냥 둔 것이라 한다. 열매를 따지 않으면 나무가 상해 그대로 둘 수가 없다며 허리 굽은 노인이 딴 귤을 나무 밑에 버리는 것을 보았다. 묻고 싶었지만 버리는 노인의 심정이 나와 같으랴. 그대로 돌아와 영상 매체를 켜니 금감金柑나무 유귤乳橘나무 청귤青橘나무 종류도 다양한데 파란 귤나무 껍질이 흰 속살을 드러내며 굴착기에 갈리고 있는 것이 아닌가.

귀할 때는 귀해서 수난을 받았고 이제는 천해서 홀대를 받는 귤나무의 수난이 약소국의 수난을 보는 것만 같아 영상매체를 끄고 소쿠리 하나 가득 귤을 들고 식탁에 나와 앉는다.

안개

개인 주택에서 아파트로 이사 간 후 꾀병이라도 하는 것처럼 몸이 아팠다. 체질이 특이해 약은 먹을 수 없고 의사도 딱하다는 듯이 시골 생활을 해보라고 권했다. 내 말은 들은 척도 하지 않던 남편이 의사의 말을 귀담아 듣고 양평에 터를 잡았다. 병이 중하다고는 하나 주소를 바꾸며 주위에 알리는 일도 미안하고 경제적 이득을 바라 옮겨 다니는 사람 같아 누가 뭐라 하지 않는데도 이사한 동기를 구구하게 설명하게 된다.

80km로 달리면 한 시간 걸리는 거리지만, 밀리는 시간을 염두에 두지 않고 출발하면 5시간 넘게 길에서 보내게 된다. 시간이 금이요 돈이라는데 금쪽같은 시간을 길에서 보낼 때는 후회도 하였다. 하지만, 눈앞에 펼쳐지는 자연 경관을 보면 그런 생각이 사라지고 무리를 해서 결정한 처사가 고맙게 여겨진다.

어쩌다 밤늦게 출발하게 되면 적막한 밤길이 나를 껴안는 듯하다. 달이 뜨는 날은 오히려 밤길을 택하고 싶다. 두물머리 호반에 비취는 달빛은 부드럽고 말랑말랑하게 보여 차를 멈추고 수면 위에 누워보고 싶은 충동이 인다. 우측으로 따라오는 에스자형 차선을 돌면 강물도 함께 휘며 나를 따라온다.

섬진강 시인 김용택은 지금 총각과 처녀가 없는 농촌에는 문화도 아득히 사라진다고 하였다. 이곳은 그가 본 시골풍경이 아니다. 음악카페와 놀이 시설이 한 집 건너 있어 오히려 문화를 즐기려는 처녀 총각들을 불러들인다. 자연 속에서 문화를 즐기려는 마음은 있으나 가꾸려는 사람은 아니다. 그래도 자연을 찾아 오는 사람들이 있으니 그것만으로도 고마운 일이 아닌가.

서울에 볼일이 있어 아침 일찍 떠난 길이었다. 유럽 어디에선가 본 듯한 산 속의 집들이 그림처럼 아름답다. 들어 갈 때는 왼쪽에서 따라오던 강물이 서울행일 때는 오른 쪽에서 배웅해 준다.

안개는 멀리서 바라봐야 한다. 어둠이 걷히며 물 위에서 여울져 밀려가는 안개의 우아한 몸짓을 바라보고 있으면 내 몸은 한기를 느끼며 물 위를 달려가 안개를 감싸 안고 싶어진다. 여명의 시간, 물 위에 자욱한 안개를 만나는 것은 이사 온 후 덤으로 얻는 행복이다. 나는 차창 속에 갇혀 바라보는 안개에 만족할 수 없어 가던 차를 세우고 밖으로 나와 물과 도로를 경계한 야트막한 방파 벽에 기대어 숨을 죽이고 안개를 바라본다. 바쁘게 가야할 이유는 없어도 떠난 길에 목적이 있었지만, 안개가 걷히는 시간보다 바쁠 필요는 없었다.

안개 낀 날은 햇빛이 강하게 비친다는 것도 이곳에 이사를 와서 알게 되었다. 모든 사물에는 고유의 색채와 향이 있는데 안개는 무채색으로, 눈으로는 보이나 잡을 수가 없다. 강물 위에서 제 나름대로 모였다 다시 아래로 흩어지더니 바람을 타지 않고 무심의 표정으로 꾸물꾸물 피어오르다 산과 산 사이 계곡에서 제각기 퍼지며 물결처럼 내려오다 지붕 위를 덮고 지나간다. 높고 낮은 것을 구분하지 않고 모두를 끌어안으며 허세부리지 않고 순수를 내밀하게 간직하는 안개, 피어오르는 안개 속에서는 애련한 엘레지가 들려오는 듯하다. 여유로운 마음으로 음률을 듣고 있으면 지나온 나의 아픈 기억을 어루만져 주며 후회스러운 일들도 따뜻하게 감싸 안아 평안을 준다. 유심에 머물지 않고 서서히 물 위를 떠나는 안개는 한량없이 맑고 고요하고 바르고 둥근 마음을 가진 무량청정정방심無量淸淨正方心을 일깨운다.

태초에 생명의 시원始源은 바다로부터 떨어져 나와 인간 비슷한 동물로 살아오다가 안개 속에서 몸과 마음이 형상화된 확실한 인간으로 역사의 무대에 오른 것은 아니었을까? 시간이 지나면 곧 없어져 버릴 안개는 영원한 것에 집착하지 말고 제약과 구속에서 벗어나 어리석은 마음으로 자유롭게 살라고 가르쳐준다.

외로울 때 나는 비 오는 촌가에 머문 일이 있었다. 자하紫霞에 띠를 두른 산촌을 보며 막연하나마 안개처럼 떠나고 싶다는 생각을 했었다. 조건에 순응하기보다 용기 있게 구속을 벗어나 인습에 구애 받지 않는, 갈등 없이 자유를 누리는 영혼이 되고 싶었다. 의식과 감각의 불안을 잊고 안개처럼 길을 떠날 수만 있다면 화평한 진리가 그 안에 있을 것만 같았다.

그러나 나이를 먹으며 물이 다시 안개가 되어 바다로 돌아가는 환원의 이치를 누가 알려 주지 않았어도 알게 되었고 태어나서 살아가는 기술을 배우고 자식을 낳고 그들을 키우고 늙어서 죽는다는 단순한 동물적 행태가 삶의 재미라는 것도 알게 되었다. 고통과 슬픔이 내게만 있는 것이 아니라 누구에게나 불가항력적이고 속절없다는 사실을…. 고독한 생활이 보다 더 여유로울 수 있고 마음대로 지낼 수 있다는 사실도 깨닫게 되었다. 내가 자유를 갈구했던 것은 자유가 아닌 방임이었고 진정한 자유는 책임이 주어진다는 사실, 그것을 깨닫기에 너무 많은 시간을 흘려보냈다.

안개는 없어지는 것이 아니라 사라지는 것이다. 사자의 형체는 알 수 없으나 그가 누구이든 나는 죽음이라는 그 자체보다 다가올 죽음의 공포가 더 두렵다. 죽은 사자보다 살아 있는 강아지가 더 좋아 보인다는 사실에 더욱 죽음이 두렵다. 그러나 떠나는 것이 아니라 사라진다고 생각하면 죽음이 그렇게 두려운 것만도 아닐 것 같다.

식물인간의 상태에서 가족은 생전에 인격을 존중해 병원 측에 존엄사를 의뢰해 사회문제가 되었다는 방송을 들었다. 육체는 호흡을 하고 있지만 의식이 떠난 상태를 인위적으로 이어가는 삶을 종식시키는 것을 전문의는 존엄사라고 한다. 자는 듯이 떠날 수만 있다면 그에서 더 바랄 것이 없겠으나 미래는 예측할 수 없는 일, 유언을 남겨야 한다면 나는 존엄사를 원한다고 말할 것이다. 살아도 산 것이 아니라면 굳이 죽어가는 모습을 오래도록 산 자에게 보이고 싶지 않다. 생전에 활기차던 모습 그대로를 인식하는 것이 보내는 이와 떠나는 자의 미덕이 아닐까.

먹구름이 하늘을 덮는다. 강물에 뜬 안개가 구름에 섞여 사라졌다. 그 속엔 청룡이 꿈틀거리고 강경한 기상이 일어나고 있을지도 모른다. 사라지는 안개를 보고 있으면 마음은 평온해지고 내가 서 있는 자리가 따뜻하게 느껴진다.

갑자기 굵은 빗방울이 떨어진다. 나는 차문을 열고 호기 있게 앉아 서울을 향해 가속페달을 밟는다.

재래시장

묵은 책갈피 속에서 30년 전의 가계부가 나왔다. 눈을 크게 뜨고 보아야 알아볼 수 있는 수첩 속의 숫자들이 잊고 지내던 기억을 되살아나게 한다. 시금치 10원, 콩나물 5원, 고등어 20원, 쌀 한 말이 500원으로 적혀 있다. 물건 값은 예나 지금이나 제 값을 지니고 있을 텐데, 숫자로 드러나는 돈의 가치는 적지 않은 감회를 불러일으킨다. 그 시절의 일 원짜리는 세금을 낼 때라도 쓰였으나 지금은 사라진 지 오래다.

맹자의 어머니는 자녀 교육을 위해 시장을 피해 다녔다고 하지만, 나는 시장 가까운 곳에서 어려웠던 시절을 지탱해 왔다. 장사꾼을 천시해서 이름 뒤에 '꾼'을 붙여 부르던 시대가 엊그제인데 이제는 경제가 세계를 지배하는 세상이 되었다.

결혼할 때 나는 회사원의 아내로 분복대로 살며 현모양처가 되리라고 생각했었다. 하지만 남편은 만년 봉급생활을 할 수 없다며 중소기업을 시작하였다. 주위에서는 신혼 재미가 어떠냐고 물었다. 하지만 그 말은 우리 부부의 입장을 모르고 하는 말이었다. 한다면 하고 마는 남편의 고집을 꺾을 수 없고 결혼을 하자마자 경험 없이 시작하겠다는 남편의 미래는 확신이 서지 않았다. 그렇다고 돕지는 못할망정 불안한 마음을 보일 수는 없었다.

찾아가 의논한 집안 어른의 말씀이 봉급생활을 하는 사람은 그 달 쓴 것을 다 쓰고도 벌었다고 하지만, 장사꾼은 생활비 다 쓰고도 남지 않으면 못 벌었다고 하는 것이 생리라며 외조부는 자손들에게 굶는 한이 있어도 어려움을 참고 사업을 하라고 이르셨다는데 그 말씀이 오늘을 있게 하였다는 것이다.

빌려 쓴 돈은 잠도 자지 않고 이자가 불어났고, 한 달이 열흘처럼 다가왔다. 행복은 명함처럼 조금 얼굴을 보이다가 하루아침에 자취를 감춘다. 잘못 되어도 나 하나만으로 끝나야 한다는 남편의 각오를 곁에서 바라보기만 하는 심정은 더 어렵기만 하였다. 그럴 때 나는 큰 아이를 들쳐 업고 시장을 돌았다. 푸성귀 몇 푼어치를 사들고 오는 것이지만 시장바닥에서 살기 위해 애쓰는 장사꾼들을 보며 잦아드는 나를 추스르곤 하였다.

백화점 쇼윈도는 내게 보는 기쁨을 주지만, 재래시장은 어려움을 이길 수 있는 힘을 주었다. 아기 업은 여자가 당근 몇 개를 양재기에 담아 오가는 사람에게 내민다. 시선도 주지 않고 외면하는 사람의 뒤를 웃으며 따라가다 되돌아오는가 싶더니 다시 가는 사람을 잡고 양재기를 내민다. 좌판에 앉아서 파는 할머니는 상가 주인이 방해가 된다며 소리치면 멋쩍게 웃으며 다른 곳에 자리를 잡다가 일어선다. 기다란 고무줄을 장대에 매달고 시장 어귀를 서성이는 중년 남자의 표정은 도인의 얼굴을 닮아 보인다.

좌판에 올라서서 빠른 음악에 맞춰 춤을 추며 떨이를 외치면 시선이 절로 가서 아무리 마음이 불편했어도 한판 어깨춤판을 벌이고 싶은 충동이 인다.

긴 막대 의자에 앉아 팥죽을 먹는 손님 그릇에 국물이 넘친다. 옆으로는 김밥, 순대, 잡채…. 없는 것이 없다. 파는 이의 손놀림에는 하나같이 주는 이가 갖는 기쁨이 담겨 있다고나 할까.

규모가 큰 상점 모퉁이에서 나물 한 줌을 사는 여인이 덤을 달라고 한다. 파는 이의 손이 들렸다 놓았다 하며 덤이 얹히고, 주인은 받은 돈을 개시한 돈이라며 머리에다 대고 긋는다. 그렇게 하면 재수가 좋다는 것이다.

얼마 전 제수 거리를 사기 위해 재래시장을 보고 나오는 길이었다. 리어카에는 기름을 바른 듯 반들거리는 애호박이 씨앗 값도 안 되는 헐값으로 팔리고 있었다. 호박고지도 할 겸해서 두 손이 모자라게 사왔는데, 집에 와서 보니 먼저 산 물건들을 놓고 온 것이 아닌가. 아직 리어카가 거기 있을지도 모른다는 기대감으로 다시 그곳으로 갔을 때 젊은이는 결산을 하는지 잔돈을 세고 있었다. 조심스럽게 묻는 나의 말을 듣고 놓고 간 것이 더 없느냐면서 내가 미처 챙기지 못한 것까지 내어주는 것이 아닌가.

시장 속에서는 모두 다 처음 만나는 사람인데 오랫동안 정을 주고받았던 사람처럼 서먹서먹한 느낌이 없다. 이상한 것은 같은 장사를 하면서도 어떤 가게는 발 들여놓을 틈이 없고 어떤 가게는 파리를 날리는 것이다.

점술가는, 사람이 태어나면 50%의 운명과 30%의 환경과 20%의 노력으로 산다고 한다. 나는 시장에서 장사하는 사람들을 보며 인생은 운명보다는 노력에 달려 있으며 그것이 인생길을 바꾸는 것이라고 생각할 때가 있다.

부슬비가 내리는 아침이었다. 장을 보고 나오는데 반은 누워 겨우 몸을 가누며 좌판을 미는 장사꾼이 있었다. 다섯 손가락이 오그라들고, 고개조차 가누기 힘들어 하는 그의 좌판 위에는 좀약, 수세미, 면봉 등 일상에 쓰이는 용품들을 갖추고 있었다. 물건을 팔아 주는 것보다 작은 돈일망정 보탬이 되는 것이 좋을 것 같아 약간의 돈을 좌판에 놓아주었다. 그러나 의당 고맙다고 할 줄 알았던 그가, 잘 나오지 않는 발음으로

"나는 구걸을 하는 사람이 아니다."

하는 것이 아닌가. 돕는답시고 남의 자존심만 상해 놓은 꼴이 되어 미안하고 부끄러웠다.

잔칫집에 갈 때는 어린 나를 떼어놓고 가시던 어머니가 장에 갈 때만은 꼭 데리고 가셨다. 지금 생각하면 삶의 고된 현장을 보여 주려는 뜻이 아니었을까 하는 생각이 든다. 어머니의 손을 잡고 신작로로 나오면 해는 기울어 저물녘이 되곤 하였다. 노을 진 하얀 신작로에 장을 보고 돌아가는 노인의 지게 다리에 자반고등어 한 손이 털렁거리며 노인과 함께 따라갔다. 50년이 지난 기억이지만 아직도 그때 느낀 알지 못할 삶의 감동을 나는 지워 버리지 못한다.

사과 궤짝 하나로 시작한 살림이 지금은 서민용 차일망정 자가용 차를 타고 다니는 형편이 되었어도 재래시장을 잊지 못하고 찾아드는 것은, 그곳이 바로 내 몸에 맞는 옷 같다는 생각이 들어서이다.

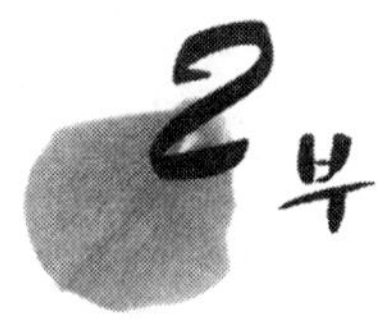

2부

잠 못 드는 밤

살아가는 일이 쉽지 않은 세상, 웃음이 없다면 얼마나 삭막할까 싶다. 웃음은 너무 헤퍼도 안 되고 너무 인색해도 안 된다는 말이 있지만, 웃음을 잃지 않고 사는 사람은 고달픈 인생을 살아도 그렇게 힘들지는 않을 것 같다.

여자의 웃음이 담을 넘으면 안 된다느니, 여자가 웃으면 집안이 망한다고 하던 때가 있었는데 웃음도 세태世態를 타는지 요즈음은 여자가 웃어야 집안이 흥하고 암탉이 울어야 자손이 번성한다는 말로 바뀌어, 입을 크게 벌리고 호탕하게 웃는 여자를 보아도 그 모습이 밉지가 않다. 내가 남자라도 웃지 않는 여자와 산다면 얼마나 고달픈 인생을 살게 될까 싶다. 하지만 백 가지 교태가 어린 여자의 웃음으로 가정이 파탄되고 나라가 망한 예는 얼마든지 있어 온 일이다.

중국 하 왕조 시대의 유왕은 포사라는 애첩의 웃음을 보려다 최악의 임금으로 전락하였다. 유왕이 애첩 포사에게 물었다.

"너는 어찌해야 웃겠느냐."

"저는 비단 찢는 소리를 들으면 기분이 좋습니다."

왕은 매일 비단 백 필씩 찢으며 그녀의 웃음소리를 기다렸으나 포사는 뺨 부근에 약간의 경련만을 일으켰을 뿐 시원스레 웃지 않았다. 왕이 잔뜩 몸이 달아 있던 어느 날 잘못 전달된 봉화가 오르자 문무백관이 달려와 허둥대며 뛰어 다니는 광경을 본 포사가 단순호치丹脣皓齒의 웃음을 보였다. 꿈에 그리던 포사의 웃음이 아니던가. 그리하여 유왕은 포사의 웃음을 보고 싶을 때마다 봉화를 올리게 했다. 측천무후, 양귀비, 장희빈 등 여자의 교태 어린 웃음에 녹아 무너진 권력자의 부귀영화가 얼마나 허망했던가.

웃음이란 젖을 먹고 만족해졌을 때부터 의미가 부여되며 사회적 미소는 타인으로부터의 자극에 의해 유발되는 것이라 한다. 웃으면 혈액 내에 엔도르핀이라는 물질이 생산되고 체내 백혈구의 하나인 T임파구가 증대되어 마음은 평화로워지고 상쾌한 기분으로 전환된다는 것이다. 그래서 미국 U.C.A 메디칼 센터에는 웃음을 가르쳐주는 라이프센터가 있고 지도자 자격 시험에는 필수적으로 유머 수업이 따로 있다고 한다. 웃음도 노력하면 된다는 말이 되겠는데 일촉즉발의 죽음 앞에 우스갯소리를 하고 위기를 맞는 외국 영화장면을 보면 만드는 것보다 국민성이 따로 있는 것 같기도 하다.

장자는 아내가 죽자 땅바닥에 두 다리를 뻗고 항아리를 두드리며 노래를 불렀다. 아내의 주검 앞에 노래를 부르며 웃었던 장자의 모습을 범속한 나로서는 이해할 수 없지만, 삶이란 웃을 것도 울 것도 아니기에 차라리 웃음으로 노래한 것은 아니었을까.

6·25전쟁이 났을 때 서대문 형무소에서 나온 죄수들은 꽹과리, 징, 북을 치며 미친 듯이 웃고 좋아 하였다. 영문도 모르고 따라 웃었더니 어머니는 나를 집안으로 불러들여, 허파에 바람이 들었느냐며 역정을 냈다. 돈이 드는 것도 아닌 웃음도 죄가 된단 말인가…. 전란은 끝이 났어도 동네마다 혈육을 잃은 가족들에게는 웃음이 있을 리 없었다. 얼마나 국민이 웃음이 없었으면 학생인 우리들 앞가슴에 스마일이라는 표어를 명패처럼 달고 다니게 하였을까.

마음 따로 표정 따로 웃는 웃음은 웃음일 수 없다. 시간과 공간을 넘나들며 환경에 따라 웃게 되는 웃음은 그래서 그 표현도 다양하다. 미소微笑, 홍소哄笑, 고소苦笑, 냉소冷笑, 조소嘲笑, 담소談笑, 실소失笑 건소乾笑 등, 웃음 속에는 여러 가지 의미가 담겨 있다. 성난 사람의 마음은 알아도 웃는 뜻은 알 수 없다는 속담도 있지 않은가. 남을 경멸하거나 얕잡아보는 조소와 냉소는 자신뿐 아니라 남까지 해쳐 약으로도 고칠 수 없는 병이 되게 한다. 상업적인 웃음은 몸 따로 마음 따로 표정이 모두 하나같이 기계적이다. 감흥은 없지만 그나마 없는 것보다야 있는 것이 좋다.

모나리자의 미소가 세계적 명화로 각광 받는 것은 그녀의 웃음이 웃고 난 뒤의 웃음인지 지금 막 웃으려는 웃음인지 모를 그 신비감이 한몫을 한다고도 한다.

나는 그런 웃음을 어머니에게서 보았다. 젊어서 혼자 된 내 어머니는 유산처럼 떠안은 두 남매를 어떻게 가르치느냐보다 어떻게 먹이느냐가 급선무였다. 혈육이라 믿고 아끼고 모은 돈을 친척의 사업에 투자했다가 하루아침에 문을 닫고 사라지는 바람에 몽땅 날리는 등 여러 번 속임수를 당하면서도 교과서처럼 살아야 했던 어머니에게 어찌 웃음이 있었겠는가. 어찌어찌해서 차린 운수업은 그날그날 현찰이 들어왔다. 침을 발라가며 그날의 수입금을 간추려 한 장 한 장 넘길 때면 모든 시름 다 잊는 듯했다. 우리가 곁에서 응석을 부리며 돈이 그렇게 좋으시냐고 물으면 모나리자의 웃음보다 더 신비스러운 웃음을 지으며 말이 없었다. 그 웃음은 자식을 키울 능력을 저축하는 안도의 기쁨이며 희망의 미소였을 것이다.

미국에서 치료를 받고 누워 있는 어머니께 오빠 내외가 뭉칫돈을 이불 밑에 넣어 드리며

"어머니가 좋아하는 돈입니다."

하면 웃음도 울음도 없는 목소리로

"치워. 이젠 종이쪼가리이야."

한다는 것이다. 이제 웃음을 드릴 수 있는 여유로움이 내게 있는데 어머니는 태평양 건너에 의식 없이 누워 계신다. 어머니를 만나면 나는 어떤 웃음을 웃어야 하나 잠 못 이루는 밤이다.

왜 다쿠보쿠는 결혼식에 불참했는가

지난날 우리의 슬픔이 일본의 기쁨이었던 역사적 감정의 앙금 때문에 일본 나들이는 무의식이든 의식적이든 관심 밖으로 미루었었다. 빼앗은 자는 잊었겠지만, 빼앗긴 자로서는 일본이 가까운 이웃나라라 해도 수륙 만 리보다 더 멀게 느껴졌다. 그런데 에세이 문학에서 준비한 답사여행은 그런 생각을 잊게 하였다. 2박 3일의 일정으로 작가 (겐죠, 코다로 다쿠보쿠, 바쇼)의 발자취를 따라 나서는 기회였기 때문이다. 네 사람의 작가도 흥미로웠지만, 어려운 삶을 살아가던 다쿠보쿠(1868~1912)가 안중근 의사에 대해 한 말이 세월이 흘러도 잊히지 않고 있을 때였기 때문에 나는 두 말 하지 않고 성큼 나섰다.

이토히로부미를 찬양하고 존경은 하지만, 그를 죽인 안중근 의사에 대해 '나는 한국의 애처로운 사실을 알아, 아직도 진정으로 미워해야 할 이유를 모른다.'고 한 용기 있는 작가 다쿠보쿠의 자취를 찾아가 직접 보고 들을 수 있다는 말이 나를 들뜨게 하였다. 그러나 현장은 그가 잠시 머물렀던 다다미방과 사진들, 세츠코와 둘이서 찍은 근엄한 사진이 인상적이었을 뿐, 별다른 자료가 없어 그의 인간적인 체취는 느낄 수 없었다.

여행을 마치고 돌아와 나는 문헌을 통해 그의 일대기와 시를 찾아 읽었다. 그 시절은 대부분의 작가들이 불행했었지만, 다쿠보쿠의 일생은 너무도 처절하여 그의 시를 단숨에 읽을 수가 없었다. 시작은 작았으나 끝은 창대했을 것이라는 기대와는 달리 그의 일생은 시작부터가 불운한 삶이었다.

어린 시절부터 서로 사랑하며 결혼을 약속했던 그가 결혼식장에 아무러한 대책도 없이 참석지 않은 까닭이 무엇이었을까? 드레스를 입고 부케를 안은 신부가 일생에 한 번뿐인 결혼식을 신랑 없이 혼자 치렀다고 한다.

그가 무책임한 행동으로 결혼식에 불참하였다면 나는 그의 시가 아무리 아름답고 조선의 처지를 깊이 이해했다 해도 외면하였을 것이다. 그러나 그의 시집의 마지막 장을 덮으며, 시를 쓰지 않고는 살아남을 수 없었던 천진무구한 시인의 일생이 무너져 내린 옛 황궁을 보듯 너무나도 애절해서 일본에 대한 저항감에 앞서 숙연한 마음이 들었다.

동해바다의

갯마을
나는 게와 놀다
돌아왔네.

살아갈 방도를 찾지 못해 자살을 하기로 결심하고 바닷가에 나갔다가 움직이는 게를 보고는 자살할 이유를 잊고 게와 놀다 오는 젊은 다쿠보쿠, —세츠코는 그런 점을 사랑한 것이 아니었을까? 결혼식 날 증발해 버린 신랑의 감정이야 본인만이 알 수 있는 일이겠으나 나는 문헌 어느 곳에도 없는 다쿠보쿠의 심정을 상상해 보았다. 아무리 음악과 문학을 사랑하는 세츠코지만, 현실을 헤쳐 나갈 능력이 없는 자신과 대책 없이 결혼을 하면 불행하게 만들 것이 뻔했기 때문이었을 것이다.

위로 딸 둘을 두었다가 밑으로 아들을 낳은 그의 부모는 어느 곳에서나 일등을 한 아들을 남다르게 키우고 싶었다. 궁핍했던 시절, 시골 마을의 스님으로 지내던 아버지는 무리를 해서라도 궁핍한 히노토라 마을에서 멀리 떨어진 도시 모리오카에 있는 초등학교에 보냈다. 동네에서도 그렇게까지 하는 것은 부모의 허영이라며 핀잔을 주었지만, 어떻게 하든 아들을 성공시키고 싶었다. 부모가 거는 기대는 다쿠보쿠로 하여금 수처작주隨處作主해야 하는 부담이 늘 잠재의식 속에 자리하고 있었으리라. 어린 나이에도 부모에 대한 고마움은 시 속에 잘 나타나 있다. 가벼워진 어머니를 업고 세 발자국을 떼다가 눈물지었다는 말은 그가 얼마나 효심이 깊었던가를 말해준다.

어떤 처지에서도 앞서야 했던 그의 엘리트 의식이 학교의 부조리에 대한 스트라이크에도 앞장서게 했다. 계란으로 바위를 깨는 격이었던 데모는 수포로 돌아갔고 퇴학을 당한 다쿠보쿠는 그것을 부모에게 씻을 수 없는 불효라고 생각했다. 그가 그 같은 생각을 하지만 않았어도 그토록 처절한 일생을 살지는 않았을 것이다. 학교의 처사를 참고 기다리며 용서를 구하기만 했어도 그는 졸업을 하였을 것이다. 그의 혈기는 졸업장 없이 단숨에 독학으로 문학에 승부를 걸어 성공함으로써 실추된 자존심을 높이고 부모와 애인 세츠코를 맞이하고 싶었을 것이다. 그러나 그의 일생은 신문사 잡지사 하다못해 교정보는 일까지도 졸업장 없이는 어디에도 발을 들여 놓을 수가 없었다.

결혼식에 불참한 다쿠보쿠의 행동을 보고 주위사람들은 세츠코의 결혼을 반대하였지만, '저는 사랑의 영원성을 믿고 싶습니다.' 라며 남편 없이 결혼식을 마쳤다. 세츠코는 현실보다 다쿠보쿠의 천재성을 믿으며 다가올 그의 성공을 믿었던 것은 아니었을까.

가사 선생의 봉급으로 생계를 이으며 이지메하는 시어머니의 핍박 속에, 아기를 낳고도 산모가 먹지를 못해 젖이 나오지 않아 죽어가는 아기를 품에 안고 우는 세츠코의 삶이 너무도 가련하여 책장을 덮고 싶었다. 남편을 돕는 일은 어쩌면 아내로서 당연한 일일 것이다. 그러나 너무도 가난하여 3대가 결핵을 앓으며 낳은 자식을 두고 27살 나이에 죽음을 맞이하는 어미의 심정을 그녀도 단가로 남겨 놓았다.

'교코 가련한
가련한 교코 행복은 저 멀리에,
눈물의 원인은 부모에 있구나.

갈 뿐이로다
흐르는 물처럼 갈 뿐이로다.
눈물로 빚은 새를 선물로 남겨 놓고…

젊은 나이에 폐렴으로 세상을 떠난 세츠코의 시가 다쿠보쿠의 시보다 더 처절하다.

어린 나이에 부모를 잃고 외할아버지 밑에서 자란 세츠코의 딸, 교코 또한 부모의 피는 못 속이는지 그녀의 시는 삼대의 비극을 집약해 보는 듯해서 더 가슴이 저리다.

어려서부터 가정의 차가움을 알게 된 아이
황혼 무렵
방에서 어머니를 그리네.

지금은 국민 시인이요 민족 시인이며 섬광시인, 천재시인,

망향시인, 경세 시인 등, 수식어가 모자랄 만큼 유명한 다쿠보쿠의 명성을 영광이라고 받아들여야 하는 것인지 해답을 찾을 수가 없다.

불을 끄고 누우니 다쿠보쿠와 세츠코, 교코의 시가 반딧불이 되어 켜졌다가는 꺼지고 꺼졌다가는 켜지면서 빛바랜 시선詩仙의 조상들이 눈에 어른거릴 뿐이다.

갱식更食이 2

무엇을 먹을까 서성이다 부엌으로 들어갔다. 시장이 반찬이라고 하지만 냉장고 문을 열었으나 마음 가는 음식이 없어 음료수만 마시고 책을 들었다. 옛 성인들은 책이 좋아 식음을 전폐하고 독서삼매에 빠졌다는데 나는 책상에 앉았지만, 시장기가 돌아 마음 따로 눈 따로 글이 머리에 들어오지를 않는다. 지금 읽고 있는 책이 수필이 아니라 사진 잡지라도 그랬을까? 내용이 재미없다고 애꿎은 책만 트집을 잡는다.

어제는 딸아이가 전화를 했다.

“어머니, 윤제가 밥을 먹지 않으면 빨간 모자 아저씨가 잡으러 온다지요?”

나는 맞장구를 친다.

“밥을 먹지 않는 어린이는 모자만 빨간 것이 아니라 빨간

장갑도 끼고 와 아이들을 빨간 망태에 담아 간단다."

그러자 몇 순갈 받아먹는 소리가 전파를 타고 전해 온다. 마치 어미를 위해 먹어 준다는 식으로 인심을 쓰는 모양이다. 풍요로운 시대를 누리고 있는 것도 저희들 복이겠지만, 그럴 땐 어려웠던 과거사 이야기를 꺼내지 않을 수가 없다. "배고팠던 시절…."하면 첫마디를 듣기도 전에 아이들은 또 배고팠던 그 시절 이야기냐며 들으려 하지를 않는다.

세상에 먹는 즐거움이 없다면 무슨 재미로 살아갈까. 그러나 몸에서 받지 않는 것은 어쩔 도리가 없다. 오래 전 얘기지만, 특별히 이렇다 할 병명도 모르면서 입맛을 잃고 명태같이 마른 몸으로 입원한 일이 있었다. 옆 침대에 유방암 수술을 한 환자가 아프면서도 맛있게 식사하는 모습을 보며 아파도 먹을 수 있는 환자는 행복한 사람이라고 생각했었다. 그때 나는 살아도 산 것이 아니었다.

측천무후는 80가지가 넘는 음식상을 받고도 먹을 것이 없다며 물렸다고 하니 권좌에 앉았어도 행복한 여왕은 아니었던 듯하다. 입맛을 찾아 먼 길을 마다하지 않고 나서는 사람들을 보면 나는 그들이 맛을 찾아가는 것이 아니라 행복을 찾아 나서는 사람들 같아 보인다.

일상으로 먹는 밥이 권태로워서라면 장소를 옮겨 먹으면 어떨까하고 생각하다 다시 냉장고 문을 닫고 책상 앞에 앉아 컴퓨터를 켰다. 쓰다가 지우고 지운 것을 다시 찾고 도무지 글의

핵심이 없다. 이대로 작품을 읽힌다면 맛없는 글이 될 것은 뻔하다. 나는 지금 배고픔이 아니라 마음이 고픈 것은 아닐까? 아이들을 짝 지워 보내고 빈 집에 혼자 있으면 홀로 외딴 섬에 남겨진 어미 새가 빈 둥지를 지키고 있는 기분이 된다.

먹다 둔 멸치볶음을 예쁜 그릇에 담아 식탁에 올려놓았다. 연꽃무늬 접시에 오이지를 담고 열무김치는 청자 접시에 담으니 음식과 그릇이 어울리지를 않는다. 그릇 입장에서 본다면 임자를 잘 못 만났다고 할 것이다. 바꿔 담을까 하다가 그냥 식탁에 앉았다. 다시 담는다고 해서 김치가 냉채가 될 수 없고 오이지가 갈비 될 수는 없을 것이다. 그대로 몇 수저 들다가 일어났다.

지금은 인기가 없는 음식이지만, 멸치 국물에 김치를 넣고 찬밥을 띄워 살짝 끓이면 김치는 아삭아삭하고 국물은 시원해 해장국으로 즐겨 먹는 경상도 음식이 있다. 좀 지저분한 얘기지만, 내가 착안해 낸 음식으로, 국밥 대용인 갱식이가 있다. 음식에도 품격이 따라야 할 터. 다시 끓여 먹는다는 뜻으로 갱식更食이라고 한자 이름을 붙였다. 식구가 먹고 남은 음식이니 더러울 것도 없다. 미리 만들어 놓은 멸치국물을 끓이다가 상에서 물린 김치, 콩나물, 돼지고기, 멸치 볶음 등속을 넣고 끓이면 각가지 맛이 한데 어우러져 집안 가득 구수한 냄새가 입맛을 돋운다. 그때 반죽한 수제비를 떠넣는다. 비 오는 날은 당면을 넣어 끓이면 더 안성맞춤이다. 쫄깃한 당면줄기가 빗

줄기에 따라 수저에서 출렁거리면 빗속의 낭만이 절로 생긴다. 뚝배기나 청자 대접에 담아내면 누가 이 음식을 버리려고 했던 음식으로 볼 것인가. 그때그때마다 다른 재료이니 맛도 끓일 때마다 다른 맛이 난다. 여러 악기가 모여 화음을 내는 오케스트라 같다고나 할까?

독일에서도 아인토프 (ENTOPF)라는 음식이 있다. 번역을 하면 '한 냄비' 라는 뜻이라는데 한 냄비에 가족이 남긴 모든 음식을 한데 끓여 일주일에 한 번은 그렇게 먹어 없앤다고 한다. 경제적으로나 영양적으로 몸에는 더 없이 좋은 보양식이라는 것이다. 음식에도 궁합이 있고 만든 사람 솜씨에 따라 음식 맛이 달라진다고 하지만, 갱식이는 그런 것이 문제가 아니다.

자식들이 머리가 커지면서 제발 상에서 물린 음식은 버리자며 갱식이를 먹으려 하지 않았다. 계면쩍어서 그러는 것인지는 몰라도

"엄마는 스스로를 높일 줄 모르기 때문에 남이 엄마를 알아주지 않아요."

하였다. 저희가 먹기 싫어 그러는 것 같기도 하고 이제는 그런 생활에서 벗어나자는 말 같기도 한데 자식 말도 들어 주어야 할 것 같아 남은 음식을 버리려고 들고 나갔다가 다시 들고 왔다.

지금이야 결혼식을 보며 식사하는 호텔이 많지만, 그 시절

극장식 식당은 내 형편으로는 한 달 월급을 다 써야 갈 수 있는 곳이었다. 허영심은 의지와 무관한 것인지 다녀온 친구가 자랑을 했을 때 나도 무리를 해서라도 그 곳만은 한번 가서 호기를 부리며 그런 분위기에 젖어보고 싶었다.

그러나 그것은 마음뿐이었고 텔레비전도 시간이 아까워 볼 수 없었던 시절, 뜨거운 갱식이를 뚝배기에 담아 화면 앞에 앉으면 내 집이 극장식 레스토랑이 된다. 이때만은 볼륨을 높이고 등장하는 가수의 의상, 표정, 등을 꼼꼼히 살피다가 신이 나면 따라 부르기도 한다. 입도 눈도 행복한 나만의 시간이다.

그러던 내가 언제부터였을까. 살림이 커지고 운전을 하게 되어 외식이 잦아지면서 갱식이라는 음식이 언제 있었느냐는 듯이 나는 까맣게 잊고 지냈던 것이다.

잊은 것이 어찌 갱식이 뿐일까만, 오늘 저녁은 옛 애인을 만나는 기분으로 당면을 넣어 갱식이를 끓여먹을 작정이다.

만덕 할머니

신혼여행을 제주도로 가는 것은 큰 자랑거리가 되어도 시집을 가는 것은 작은 자랑도 못 되던 시절, 결혼 날을 정해 놓고 나는 남편 될 사람의 고향이 제주도라는 말을 가까운 친구에게도 부끄러워 말하지 못했습니다. 남편을 알게 되어 어떤 장소에서 내 기분에 취해 제주도 자랑을 하였더니 듣는 사람의 표정이 시큰둥합니다. 까닭을 물으니 제주도는 미래의 희망은 물론 도시 문명과는 영원히 접할 수 없는 곳일 거라는 것입니다.

만덕 할머니!

당신이 그곳에 계셨다면 무슨 말을 하셨을까요. 돌아보면, 약자의 열등의식이었음을 고백합니다. 쇠죽을 쑤며 시집살이를 하는 것도 아니면서 셋방살이일망정 서울에서 신접살림을 시작한 보금자리가 왜 그리도 서글퍼지던지요…. 옹색한 살림 때문만은 아니었습니다. 자신감 있게 말할 수 있는 용기 없음은 언제나 나를 주눅 들게 하였고 그것은 나 자신만의 자존심이라기보다 남편의 자존심이었습니다. 욕망만큼 이루지 못한 타향살이의 꿈과 그 꿈의 실현이 언제 이루어질지 모르는 막막함이 그의 자존심을 더욱 상하게 하였는지 모릅니다. 그것이 얼마나 어리석은 과욕이었던가를 자책하며 당신이 남긴 선업의 흔적을 죄인 같은 마음으로 되돌아봅니다. 만덕 할머니! 당신의 고향을 나의 시댁 고향으로 인연 맺게 됨을 감사합니다.

추사 김정희 선생이 금석학의 대가요 〈세한도〉의 주인임을 아는 사람은 많아도, 헌종 때 9년간 제주도 대정에 적거할 때, 임금님이 순종 조에 죽은 할머니의 행적을 기념하기 위해 〈은광연세恩光年歲〉라는 목판을 하사한 사실을 아는 사람은 별로 없습니다.

여성의 사회 활동이 금지되어 무능력한 존재로만 인식되었던 시절, 당신은 의기義氣있는 행동으로 여성의 잠재된 능력을 과시하는 본을 보여 강한 탐라 여인의 자립정신을 심어 주었습니다.

훌륭한 업적 뒤에 있는 그 사람의 자라 온 배경을 찾아봅니다. 사랑 속에 구김 없이 자라던 어린 시절, 전국엔 유행병으로 12만4천 명의 병사자가 났고, 정조 18년(갑인년) 겨울 3읍, 대정·좌면(조천면 구좌면)·우면(애월면·한림읍·한경면) 일대의 기민饑民은 62,698명이나 되었는데 불과 일 년 동안 17,963명이 굶주리고 병들어 죽고 47,735명으로 줄었으니 그때의 참상을 듣지 않아도 보이는 듯합니다. 나라에서는 곡식 22,182석을 풀어 백성들을 구제하려 하였습니다. 그러나 그 기근을 무한정 도울 수는 없었습니다. 또한 돕는다 해도 풍해와 조풍해潮風海로 대해를 건너오다 풍랑을 만나 도착이 늦어져 아사자가 불어났고, 정조 19년 을묘년(1795년 8월)에는 태풍이 제주도를 강타하여 바다에 무서운 파도가 일어나 비말飛沫이 비처럼 날렸습니다. 반나절 만에 들에 가득 찼던 오곡이 삽시에 전멸되었을 때의 참상은 또 어떠했겠습니까.

변경봉邊景對의 상소문이 실효를 거두어 〈유탐라대소민인誘耽羅大小民人〉이라는 정조대왕의 어제윤음御製倫音은 제주인도 능력에 따라 중앙에 등용될 수 있는 논論·책策·부賦·시詩·명銘·송頌에 대한 시제試題를 보도록 하고 무과에도 등용하여 실의에 처한 도민들에게 위안이 되게 한 것은 빼어난 제주인의 위상을 높이는 계기가 되었습니다.

예전 제주도에 대한 저의 선입견은 풍다風多·석다石多·절도切盜라고 알고 있었습니다. 가난은 나라도 어쩔 수 없다 합니다. 사흘 굶어 남의 집 담 넘지 않는 사람 없다는데 이런 악천후 속에서도 도둑이 없는 것은 세계 어느 곳에도 없을 것입니다. 제 말을 예증이라도 하는 것인지 전해오는 옛말이 웃음을 짓게 합니다. 아녀자들이 물이 인색하여 다툼이 나면 갑인년에도 나누어 먹은 물을 지금에 와서 그리 인색하게 하느냐고 하면 금방 싸움은 그치고 만답니다. 아무리 어려워도 나누어 먹는 것은 사람이 살아가는 도리라고 생각하는 듯합니다.

12세에 부모님을 잃고 천애무변고아天涯無邊孤兒가 된 당신의 딱한 사정을 듣고 제주 성내에 사는 기녀妓女가 딸처럼 양육한 것도 제주만의 인심이 아닐는지요. 그러나 당시, 기녀의 신분은 천민 하호下戶에 속했으므로 한번 기생은 평생 기생의 굴레를 벗어나기 어려워 늘 마음 아파하셨습니다. 그런 까닭에 기녀들은 기왕에 기생이라면 관기官妓가 되는 것을 바라고 그 자리 오르는 것을 자랑으로 여기는 사람이 많았다지요.

당신의 깊은 뜻을 알 리 없는 가깝게 지내던 권고자는 말합니다. 옛적 태종 임금은 어떤 연회석에서 강계 기생 가희아可喜兒의 자색과 가무에 반하여 후궁으로 들여놓았다가 후일 왕자를 낳아 빈으로 책봉한 예를 들며,

"너는 인물과 예지가 남달라 뭇 남성들이 혼미하여 가깝게 지내기를 그토록 바라는데 어째서 이 자리를 나쁘다고만 생각하느냐."며 설득하였다지만 마음은 언제나 기방 밖에 있었지요.

행수기생行首妓生이 된 후 타고난 미모와 단아한 자태와 예절은 서울에서 온 어사御使나 점마별감占馬別監 삼수 수령들의 혼을 빼앗고도 남았습니다. 비록 기생의 몸이었으나 권력의 유혹에도 당신은 정절을 생명처럼 지켜 몸가짐을 깨끗이 할 만큼 스스로 사리를 판단하는 지자智者이셨습니다.

기왕에 이야기가 나온 마당이니 당신에게 있었던 일화를 꺼

내는 저를 용서하십시오. 제주에 탐욕과 호색가로 이름난 목사가 부임해 왔습니다. 그는 구하기 힘든 여러 가지 물건들(준마, 진주와 약제, 우황)로 당신을 유혹하려 했습니다. 그날 밤 애욕과 정욕에 사로잡혀 당신을 정복하려는 사또에게 부드럽고 우아한 말로 아뢰기를,

"사또님은 선대감(사또의 아버지)과 어쩌면 얼굴이 모양이며 입이랑 코가 그리도 닮으셨습니까?"

하여 위기를 모면한 일화는 기생이 노류장화路柳墻花가 아님을 몸소 보여주신 예입니다.

사람은 본시 태어나기를 안일한 것에 만족하여 어려운 일을 당한 경험은 그 어려움이 다시 닥칠 것이 두려워 그 자리에 자족하려는 습성이 있는 것인데 당신은 때만 되면 이곳을 떠나 집으로 돌아갈 결심을 굽히지 않고 관가에 나아가 눈물로 호소하기를,

"소녀는 본시 양가 출생이온데 조실부모하여 부득이 기생집에 의탁하여 자라, 현재 기역妓役에 종사하는 몸이 되고 있사오나 양가집 딸이 기생 노릇을 한다는 것은 불가한 일이오며 나로 인하여 가문이 욕되고 죽어서라도 부모님 영전에 면목이 없으니 저 세상에 가서 어찌 부모님을 뵈오리까."

거듭거듭 간청하며 초지初志를 굽히지 않으니, 그 엄격했던 군주 시대도 초지일관 눈물로 호소하는 여인의 간청은 끝내 물리치지 못하였나 봅니다.

굽히지 않는 당신의 의지는 받아들여져 기적妓籍에서 이름을 삭제하고, 소녀 시절에 집을 나온 후 12년(영조 38) 만에 삼남매가 서로 만나 한 집에 모여 살게 되었을 때, 당신의 기쁨이 어떠했을까를 생각하면 아득한 세월이 흘렀지만 시간을 초월해 저의 마음엔 감동으로 전해옵니다.

집으로 돌아온 당신은 제주도의 불행과 부모가 일찍 돌아가신 비참함도 가난 때문이며, 불우했던 환경에서 그래도 살아남아 오늘이 있게 된 것은 관인들과 이웃 사람들의 덕택이라 여기며 여자의 힘일망정 일평생을 독신으로 살아 선행을 하기로 마음먹은 것은 아무나 하는 일이 아님을 깨닫습니다.

당신의 이름은 토속적이었지만, 생각은 시대를 앞서가면서도 하는 일마다 실패가 없었지요. 그간 복잡한 사회생활의 경험을 토대로 객주업을 시작하니 일류 기생이었던 만덕이 객주업을 한다는 소문은 삼읍의 상인과 육지 상인들에게 전해져 문전성시를 이루었습니다. 여객들에게 숙식과 편의를 도와주고 물건의 매매도 알선해주며 제주에서 필요한 생필품과 제주의 특산물을 육지와 교역해 주는 상인으로서의 지보地步를 당당히 지켜나가는 거상이 되어 갔습니다. 불철주야 사업에 전념한 결과 40세에는 사업에 기초가 확립되었고, 50에는 육지 본토 지방의 부자들과 견줄만한 재산가가 되었습니다. 선업을 하지 않고도 잘살기를 바라는 사람들은 하기 쉬운 말로 당신의 성공을 천품적天稟的인 사업가의 자질을 타고났기 때문이며 시대적 운이 좋았다는 말을 합니다. 그러나 선업을 하고 복을 비는 사람들은 하늘은 스스로 돕는 자를 돕는다고 말합니다.

사업에 성공하여 거상이 되었어도 당신의 일상생활은 검소하여 화려한 의복이나 진미의 음식을 삼가고 근검절약을 미덕으로 삼아 조금도 교만하지 않았으니 어찌 하늘이 스스로 돕는 자라 하지 않았겠습니까. 가진 뒤 체험하지 못했던 사치를 경험하며 남을 도왔다면 나는 이토록 당신을 사모하지는 않았을 것입니다. 제주의 참상을 누구보다 잘 아는 당신은 굶어 죽어가는 이웃을 보며 재산은 내 것이 아니라고 마음을 굳히고 가깝게 지내던 사람들에게 당신의 본회本懷를 말하였습니다.

"내가 어느 자식이 있는 것도 아니며 수전노나 탐욕의 화신은 더욱 아니다. 나는 이제부터 굶어 죽어가는 도민을 위해 내가 모은 전 재산을 쓰기로 하였다."

그날 당신의 이 중대한 발표를 들은 측근들은 어떤 마음으로 받아들였을지 궁금합니다. 이런 궁금증은 내가 아직 사람됨이 부족한 탓이리라 자각은 합니다만 이런 제가 어찌 당신의 고귀한 선업을 글로 쓸 수 있을까요?

출세를 하면 할수록 지난 시절의 허물을 감추고, 어려웠던 시절을 부끄러워하며 부귀와 권력에 영합하는 예를 많이 보아왔습니다. 나는 왜 출세를 한 사람의 허물은 아주 오래 전에 보았으면서 당신의 선업에는 이 나이에야 눈을 뜨며 소리없는 반성의 소리만을 듣는 것일까요. 어림없는 줄 알면서도 당신

흉내를 내어보지만, 사심으로부터 벗어나지 못하고 핏줄을 핑계 삼아 욕심의 끈을 놓아 버리지 못하는 나는 당신의 그 경지가 영원히 다가갈 수 없는 피안의 세계인가 봅니다.

만덕 할머니! 영면하소서. 선행을 베푸는 일은 사랑이나 자비가 아니라 인간이 마땅히 해야 할 도리라고 생각한 당신의 선업이 밀알이 되어 제주도는 이제 국제 자유 도시가 되려고 용틀임을 하고 있습니다.

속물

목 디스크로 물리치료를 받기 위해 병원을 가려고 올림픽로로 들어서다가 교통사고를 당했다. 달려오는 차를 먼저 보았기에 다친 데는 없었지만, 보름간을 고쳐야할 만큼 차가 망가졌다. 아니할 말로 박살이 난 것이다. 이런 때를 일러 기적이라고 하는 것인지 조금만 늦게 브레이크를 밟았어도 나는 지금쯤 죽었거나 생사의 갈림길에서 가족의 근심거리가 되어 누워 있을지도 모르는 일이었다.

80km로 달리다 가로질러 골목길을 들어서는 것은 중앙선을 넘는 만큼이나 위험한 운전이다. 그런데 검은색 그랜저 승용차가 올림픽로를 들어서려는 내 차를 총알처럼 달려들어 운전석 뒷부분을 치고 멈췄다. 본능적으로 핸들은 꺾었으나 육중한 콘크리트 담은 피할 수 없어 그대로 부딪치고 말았다. 위기

의식 없이 운전을 하다 졸지에 앞뒤로 부딪치고 당한 일이라 누구의 잘못인지도 모르고 어리둥절하고 있는데 육십이 넘어 보이는 남자가 뜻밖에도 웃음을 띠고 차에서 내려와 다치지 않았느냐고 묻는 것이다. 웃고 있는 낯선 남자를 보며 나는 웃을 수가 없었다. 나야 어찌되었든 박살난 차를 남편에게 뭐라고 설명해야 하나 그것부터 걱정이 앞섰다. "차가 많이 망가졌는데 어쩌지요?" 반문하는 내게 그는 생각할 틈도 없이 "저의 잘못이니 모든 것을 책임지겠습니다. 하지만 완전히 고쳐드린다 해도 기분이 상하시죠?" 하며 되묻는 것이었다.

누구나 운전을 하다보면 크고 작은 교통사고 한 번쯤은 경험하는 일이다. 그때마다 잘못을 인정하기보다 서로의 주장이 옳다며 언성을 높인다. 네 잘못이네 네 잘못이네 하며 음성이 커지고 심지어는 멱살까지 잡는 일은 그리 드문 일이 아니다. 시쳇말로 목소리 큰 사람이 유리하다는 말도 있지 않은가. 나는 그가 전적으로 자신의 잘못이라고 인정하리라는 것은 생각지도 않은 일이었다. 너무도 뜻밖의 말에 그가 시대에 맞지 않는 어리석은 사람으로 보이기도 하고 상식 밖으로 선善한 사람으로 보이기도 했다. 하지만 몸을 다쳤다면 그의 말이 아무리 친절하고 정직한 사람이라 해도 무슨 소용이 있겠는가.

운수를 믿으며 사는 것은 아니지만, 새해 첫날부터 내 잘못도 아닌 교통사고를 당했으니 재수가 있다고 해야 할지 아니라고 해야 할지 아리송하다. 그렇지 않아도 목이 부실해 병원을 가다 당한 일이다. 그런 충격을 받고도 멀쩡한 것을 보면 분명 나쁜 운세는 아닌 듯하지만 없는 것만은 못하다.

앞뒤로 일그러진 차를 공장으로 보내며 무생물일망정 코가 꿰여 굴러가다가 아스라이 사라지는 뒷모습을 다친 자식을 병원으로 떠나보내는 어미의 심정이 되어 지켜보고 서 있으려니 주위에 둘러 있던 사람들이 교통사고의 증세는 현장에서 나타나지 않지만, 며칠 있으면 통증이 오는 것이니 병원부터 가라고 권했다. 그러나 나는 그의 정직한 말이 고마워 따로 병원은 가지 않았다.

보험회사에서 전화가 왔다. 보름 이상 차를 고쳐야 하니 그동안 쓸 차를 빌려 주겠다는 것이다. 머리는 그렇게 하고 싶었지만, 마음은 나도 운전을 하는 입장에 언제 어느 때 무슨 일이 닥칠지 모르는 일이라 그렇게까지는 할 필요가 없다고 하였다. 그런데 차를 집 밖에 이미 세워 두었으니 마음 편하게 쓰라는 것이다. 그것도 나온 지 두 달밖에 안 되었다는 이름 있는 수입차였다. 조심스럽고 부담스러워 이놈을 아무 곳에나 끌고 나갈 수가 없었다. 내 차도 아니면서 아녀자가 이름있는 차를 끌고 다니면 젊은이들 눈에 거슬려 혹여 흠집이라도 내면 어쩌나 하는 생각이 들고 빌린 차까지 사고가 난다면… 하는 걱정에 웬만한 거리는 걸어 다니며 일그러진 내 차를 연인을 기다리듯 하루하루 짚어가며 기다렸다.

그러나 차에 길들여진 터라 차 없이 지내는 일이 쉽지 않았다. 예전 같으면 양팔에 안고 들고 와도 거뜬하더니 이즈막에는 과일 한 봉지를 들어도 팔이 저리고 아프다. 그래서 생각해낸 것이 큰 길로만 이놈을 끌고 다니기로 하였다. 처음은 두렵고 조심스러워 큰 차가 옆에만 와도 달려드는 것만 같아 몸이 움츠러들더니 경험이 쌓이자 용기가 생기고 이제는 내 차에 대한 기다림이나 그리움은 잊어버리고 새 차에 대한 칭찬이 절로 튀어나오는 것이다.

남편이 수출업을 할 당시 나는 공장 종업원 200여 명의 식사를 맡았다. 파장에 맞춰 떨이로 물건을 사서, 이고 들고 올 때면 바퀴만 달린 차라도 내 차가 있었으면 하였다. 형편이 나아지면서 중고차를 사게 될 때는 천하를 얻은 듯했다. 몇 차례 차를 바꾸게 되었는데 그때마다 차종에는 상관없이 굴러다니는 것만으로도 좋더니 말 타면 경마 잡히고 싶어지는 것이 인간의 속성이라 차를 바꿀 때가 되면 이제는 차종의 이름부터 묻게 된다.

어두운 길로 접어들면 자동으로 라이트가 켜지고 스위치만 누르면 백미러가 닫히고 장애물이 있으면 돌아보지 않아도 경보음이 울려 위험을 알려주는데 내 것이 아님을 알면서도 누가 묻지도 않는데 칭찬이 하고 싶어 입이 들썩인다. 7년 정든 차를 떠나간 애인을 그리워하듯 하던 그 순정은 사라지고 내 차의 결점만 생각나고, 잠시 머물다 떠나는 것인 줄을 뻔히 알면서도 이것이 내 것이라면 하는 엉뚱한 생각까지 드는 것이 아닌가. 운전대에 앉으면 마음은 풍요로워지고 차로 해서 내 위상이 높아지는 듯 우쭐해지는 것이다. 맺은 인연을 소중히 여기며 동고동락하던 정리는 잇는 것과 잊는 것이 함께 내 안에 자리하고 있었음을 깨닫는다.

나는 새로운 인연에 대한 황홀감에 주체할 수 없는 행복을 느끼며 그 차의 주인이라도 된 양, 목에 힘을 주고 고속도로를 달렸다. 무슨 낯으로 수리된 내 차를 맞을지 걱정이다.

눈물

사위는 백년손이라며, 약속 없이는 딸네 집을 들르지 않던 어머니가 내 집 안방에 누워 계신다. 웃음도 울음도 없이 망연히 생각에 잠겨 있다. 그토록 좋아하던 TV 궁중 사극을 켜놓아도 관심 밖이다. 푸른 세월 혼자 자식 둘만 바라보고 살아온 결과가 이것이냐는 회한 같기도 하고, 정성이 부족한 자식을 원망하는 것 같기도 하다.

주위에서 반신을 못 쓰는 노인들을 보아 왔지만, 내 어머니와는 무관한 일로만 생각했었다. 며칠 전만 해도 팔십을 넘긴 노인답지 않게 가벼운 몸으로 크고 작은 일을 해결하고 다니셔서 어머니는 언제나 그렇게 지내실 줄만 알았다.

퇴원하던 날 의사는, 뇌경색 증세는 말과 몸은 어눌해도 느낌이나 생각은 예전과 다름없으니 환자의 뜻을 잘 살피라며,

하루 한 번 웃는 것이 치료에 도움이 된다고 일러주었다.

빈 병에 수저를 꽂고 어머니가 즐겨 부르던 〈황성옛터〉 〈불효자는 웁니다〉 등 유행가를 불러드려도 모두가 부질없다는 듯 자리에 누우신다. 차라리 어미가 이렇게 되도록 너희는 무엇을 했느냐고 나무라기라도 하면 곁에서 뵙기가 덜 괴로울 것 같다.

세상에 자식 위해 눈물 흘리지 않은 어머니가 있을까만, 내 어머니의 일생은 눈물로 보낸 세월이었다. 기뻐도 눈물, 슬퍼도 눈물로 위안을 삼았다. 오빠가 S대에 합격하던 날도 어머니는 통곡하며 우셨다. 만일 어머니가 세상을 뜨면, 나는 어머니의 우시던 모습만 떠오를 것 같아 두렵다.

슬퍼서 우는 눈물보다 억울해서 우는 눈물이 더 짜다고 한다. 남자도 살아가기 힘든 세상, 어찌 여자 혼자 사는 일에 슬프고 억울한 일 없이 눈물 흘리지 않고 지낼 수 있었을까. 유년 시절, 나는 운동장에서 왁자하게 뛰노는 동무들을 바라보아도 어머니의 슬픈 얼굴이 떠올라 그들과 함께 웃고 놀 수가 없었다. 어쩌다 어머니의 울음소리에 잠에서 깨 눈을 떠보면, 어머니는 창문에 기대어 애처롭게 울고 계셨다. 방안 가득 들어온 달빛은 희다 못해 푸르렀고 달빛을 받으며 울고 있는 어머니의 얼굴은 가련해 보였다. 나는 깨어있음을 어머니가 아는 것이 두려워 눈을 감은 채 마음속으로, 먼 훗날 내가 어른이 되면 어머니의 눈물을 웃음으로 바꿔드리겠다고 다짐했다. 양 어깨에 매달린 어린것 둘의 무게가 여자 혼자의 힘으로 벅차서였는지, 아니면 남들이 다 사랑 받는 아내의 자리가 부럽고 공평하지 못한 섭리가 원망스러워서였는지, 지금도 어머니가 흘린 그 밤의 눈물의 진의가 무엇이었는지를 나는 알지 못한다. 지금 초점 없이 누워 생각에 잠긴 어머니의 깊은 마음의 끝자락을 이 나이에도 모르고 있지 않은가.

어머니는 하얀 밤을 눈물로 지새우고도 아침이 되면 아무 일도 없었던 것처럼 일에 여념이 없었다. 그러나 과꽃이 생기를 잃고 플라타너스 잎사귀가 스산하게 앞마당으로 날아와 흩어지는 가을이 오면, 밤에만 우시던 어머니는 낮에도 툇마루에 앉아 드러내놓고 우셨다. 그럴 때마다 나는 어머니의 그 모습이 싫어 유년의 다짐도 잊고 해가 질 때까지 빈 교실을 서성이며 집에 가지 않았다. 어머니만 슬프지 않으면, 아버지 안 계신 자리도 외롭지 않았고 먹지 않아도 행복할 것만 같았다.

누구나 그 시절엔 연애보다 부모가 짝지어 주면 숙명처럼 살아갔듯이 나도 어머니의 선택대로 내 의사와는 상관없이 결혼을 했다. 하지만 마음 한자락엔 어머니의 눈물로부터의 도피가 아니었던가 생각할 때가 있다. 그러면서 자식들 앞에서 나는 절대로 눈물을 보이지 않으리라고 다짐했었다.

눈물은 흔해도 안 되고 없어도 삭막하다고 한다. 눈물에도 인격이 따른다는 말이 되겠는데 눈물이 조절한다고 해서 말을 들어주던가. 파도가 치면 겹쳐 오듯이 불행한 일이 닥칠 때마다 참아 내지를 못해 울지 않고는 견딜 수가 없었다. 〈눈물의 역사〉를 쓴 역사학자 뷔포는 "침묵과 언어 사이에 눈물이 흐른다."고 했다. 참지 못해 흐르는 눈물은 절제될 수 없고 침묵할 수도 없었다. 식구들이 밖으로 나간 빈 집에 혼자 있으면 담아두었던 눈물을 쏟아 놓는다. 욕조에 물을 틀어 놓고 울면 이웃에 들릴 리 없고, 이불을 쓰고 울면 통곡을 해도 밖에서 듣지 못할 것이었다.

우는 얼굴이 어쩌다 거울과 마주치면, 일그러진 외모가 나의 내면을 보는 것 같아 울음을 그치게 된다. 실컷 울고 나면 가슴속에 뭉쳐 있던 그 무엇이 발 아래로 빠져 나가는 기분이 들며 비어 있는 그 자리에 새로운 무엇이 채워지는 쾌감과 허전함이 들어 살아갈 방도를 찾게 되는 것이다.

며칠 전에는 몸이 불편해 거동이 쉽지 않은 외삼촌이 병문안을 오셨다. "누이" 하고 삼촌은 우는데, 어머니는 입모습만 울고 눈물을 흘리지 않으셨다. 예전 같으면 반가워 통곡을 해도 넘쳐날 눈물이었다. 삼촌이 떠난 뒤 "왜 누물이 앙 나와?" 하며 오히려 내게 반문이시다. 울고 싶어도 이제는 눈물이 나오지를 않는다는 것이다.

과학적으로는 슬픔과 감격이 누선淚腺의 자율신경을 자극하여 분비되어 나오는 것이 눈물이라고 하지만, 구상求償 · 보상補償 · 마력魔力이 있다는 눈물은 이제 어머니에게서 떠난 것 같다. 병의 증세 때문인지 세상사가 무상해서인지 발병 후 내가 그토록 괴로워했던 어머니의 눈물은 마르고, 그걸 내가 대신 물려받은 것인지 아이들이 생각없이 내게 한 말도 서운해서 눈물이 난다. 눈물도 호강스러워야 나는 것이라고 하던가.

무슨 일이 있어도 한국을 떠날 수 없다는 어머니를 잠깐만 다녀오시자며 속이고 오빠 내외가 미국으로 모시고 갔다. 떠나던 날 공항에서 한 팔은 올케의 손에 또 한 손은 오빠의 팔에 기대어 공항을 떠나며 어머니는 고개를 돌려 손짓만 하고 한 많은 고국을 떠났다.

웃음으로 삶을 바꿔 드리겠다는 유년의 약속은 지키지도 못하고 어머니를 보내드렸다. 집에 돌아와 나는 이불을 쓰고 통곡했다.

"어머니, 울지 마세요. 할머니는 그래도 행복하신 분이에요. 어머니 같은 딸을 두셨잖아요."

딸은 나를 위로한다며 하는 말이지만, 저도 따라 울고 있었다.

노래한 죄밖에

눈만 뜨면 들리는 것이 노래다. 숨도 쉬지 않고 말보다 빠르게 리듬에 맞춰 부르는 노래를 듣고 있으면 저것도 노래인가 싶다가, 귀를 기울여 들으면 가사엔 어른들에게 하고 싶은 젊은이의 심경이 담겨 있어 그들의 마음을 되짚어 보게 된다.

젊은이의 기분이 되어 허리를 외로 꼬고 오른발 왼발 부지런히 올리고 내리며 따라 불러 보지만 마음만 바쁘지 이내 손을 들고 만다. 젊은이의 노래를 부른다고 해서 젊어지는 것은 아니지만 내게도 저런 시절이 있었던가, 기억을 더듬으니 지난 시절이 아득히 멀기만 하다. 늙음을 정직하게 인정하라는 내면의 울림 때문인지 이즈막엔 발 빠른 리듬보다 우리 가락이 더 마음 편하게 들려 방송 채널을 그리로 돌리게 된다.

중국 위난성에서만 자란다는 콩과식물인 무초舞草는 노래를 들려주면 아래위로 춤을 추는데, 빠른 리듬보다 느린 박자를 더 좋아한다고 한다.

할머니는 아버지 품을 모르고 자라는 나의 유년 시절을 안쓰럽게 여기시고 몇 사람만 모여도 내게 노래를 부르라고 하셨다. 혼자 있으면 곧잘 부르던 노래가 사람 앞에만 서면 입이 붙어 떨어지지 않아 할머니를 서운하게 해 드린 일은 지금도 죄책감으로 남아 있다.

유년 시절엔 부끄러워 노래를 못했고 이제는 자신이 없어 못 부른다면 변명이 될 수밖에 없어, 연말 모임에는 앞가림이라도 해야겠다 싶어 음반 가게에 들러 신곡 테이프를 하나 샀다. 그러나 사다만 놓고 어쩌다 한 번씩 듣는 노래가 노래다울 수 없다.

60년대엔 배우지 않고도 유행가 하나쯤은 남 앞에서 부를 수 있었다. 음반 가게에서 틀어 놓은 노래를 지나다니며 듣고는 아침에 들은 토막난 노래가 귀에 익어 입에서 떠나지를 않았다. 듣고 있던 식구들이 귀를 막고 그만두라고 하지만, 하던 노래를 그만둘 수 없어 입 속으로 끝까지 부르고 나면 큰일을 해냈을 때처럼 그렇게 개운할 수가 없었다.

작은 중소기업을 시작했을 때였다. 2백 명이 넘는 젊은이들이 편직기 앞에서 스웨터를 짜며 찜통 같은 더위에 윗도리를 벗은 채 누가 먼저라 할 것 없이 한 사람이 노래를 시작하면 공장 안은 노래 마당이 된다. 박수가 있을 리 없고 부르는 노래에 값을 매길 사람도 없다. 좌우로 기계 소리에 맞춰 부르는 노래를 밖에서 듣고 있으면 듣는 이가 흥이 나서 어깨춤이 절로 난다.

마리아 앤더슨의 흑인 영가는 만인의 심금을 울렸지만, 원효대사는 말년에 무지몽매한 민중에 불심을 심어 주기 위해 무애인을 자처하며 무애무無碍舞를 추고 무애가無碍歌를 불렀다.

"술 없는 세상은 사는 것이 아니다."라는 애주가의 말을 빌리지 않더라도, 노래 없는 세상은 얼마나 삭막할 것인가. 술이 있으면 노래가 따르고 노래가 따르면 삶의 활력을 찾게 된다. 술을 먹고 실수는 해도 노래를 부르다 실수했다는 말은 내 생전에 들어보지 못했는데, 나는 실수를 한 일이 있었다.

아직 촌티를 벗지 못한 초등학교 5학년 때 6·25전란을 맞았다. 전쟁이 났다는 보도가 나자 저녁부터 군가를 부르며 트럭에 실려 독립문 밖으로 군인들의 행렬이 줄을 잇더니, 일주일이 지나자 서대문 형무소에서 나온 재소자들이 꽹과리·징·북을 치며 세상이 바뀌었다고 덩실덩실 춤을 추고 노래를 부르는 것이 아닌가.

그때 나는 세상이 바뀌었다는 말의 뜻을 알지 못할 뿐 아니라, 그토록 두려워하던 전쟁이 이런 것인가 하고 시시하게 느껴졌다.

유언비어인지는 몰라도 공산군이 들어오면 처녀는 물론 아녀자까지도 화를 당한다는 소문이 돌았다. 몇 집은 피난길을 떠났고, 어떤 집은 땅을 파고 몸을 숨기는 사람도 있었다. 그러나 어머니는 달랐다. 공산군도 눈물이 있을 터인데 어린것 둘 데리고 살아가는 내가 무슨 화를 당하겠느냐며 피난 갈 생각이나 숨을 곳을 찾지 않았다.

어머니의 예측은 맞아 인민군이 들어왔지만 아무 일도 일어나지 않았고, 학교에서는 등교하라는 연락이 왔다.

교실에 들어서니 담임선생님은 보이지 않고 붉은 완장을 두른 젊은 청년들이 큰북을 치며 아침부터 오후까지 노래를 가르쳤다. 공산당이 무엇이며 장군의 업적이 어떤 것인지 모르면서 시키는 대로 목청을 높여 따라 부르면 박자가 빠르고 경쾌해서 배고픔도 잊었다.

"아아, 그 이름도 빛나는 ○○○장군" 빨치산의 노래라는데, "높이 들어라 붉은 깃발을…" 제목은 잊었지만 끊어진 필름처럼 떠오르는 토막난 멜로디가 아직 남아 있다.

전쟁을 소풍쯤으로 여겼던 나는 밀고 밀리는 전란을 겪으며 동족상잔의 비극이 어떤 것인가를 그 후 알게 되었다. 포탄소리에 쫓겨 우왕좌왕하다 파편을 맞아 다리를 잃은 옆집 아저씨, 길가에 누운 시체를 보고도 놀라지 않고 지나가던 이웃들, 인민군이 미처 후퇴하기 전 태극기를 흔들다 적군으로 오인되어 아군이 쏜 포탄에 일가족이 몰살을 당한 일, 이념과는 상관없는 죽음뿐이었다.

인천 상륙전에서 밤새도록 포성이 울리고 유엔군이 국군과 함께 동네로 들어왔다. 전란이 끝났는지 아무도 아는 사람은 없었지만, 안도의 숨을 쉬는 듯 어머니의 표정이 밝아지자 나는 갑자기 배운 노래가 부르고 싶어졌다. 웅변은 정신을 매혹시키고 노래는 감각을 매혹시킨다는 밀턴의 말은 분별력 있는 사람에게 하는 말이다. 마음은 조용해지고 노을이 너무 좋아 대문에 기대어 노래를 부르기 시작했다. "아아, 그 이름도 빛나는 ○○○장군" 목청을 돋우고 노래가 한참 신바람을 타려는데 방문 여는 소리가 나고 맨발로 뛰어나온 어머니가 내 입을 틀어막고 세상이 바뀐 것도 모르냐며 나를 방으로 끌어들이는 것이 아닌가. 노래한 죄밖에, 나는 그때 세상이 바뀌었다는 말도 이해할 수 없었지만, 주는 것도 받는 것도 없는 눈에 보이지 않는 무슨 무슨 '주의' 때문에 왜 싸움을 하는지 알 수가 없었다.

어린 시절 나의 노래를 빗대어 보며 나는 가끔, '탁' 하고 쳤더니 '억' 하고 죽었다는 신문 보도와 젊은 양심이 평등하게 살기를 외치다가 사상범으로 몰려 옥중에서 고통을 당하며 어머니가 불러 주던 자장가로 시름을 달랬을 젊은이들을 생각할 때가 있다.

앞산이 보이지 않는다

한 달이면 몇 번씩이나 나가야 하는 모임이 여럿 있었다. 결혼 후 사귀었던 이웃, 네 아이의 자모 모임, 남편의 동창 모임– 이런 일로 더 부산한 생활을 해왔다. 요즘 나는 이 모든 모임과 단절하고 지낸다.

출가한 딸자식을 결혼 후 일 년도 되기 전 저 세상으로 떠나보내고, 누가 뭐라는 사람이 있는 것도 아닌데, 나는 죄인이 되어 사람들 앞에 서기가 부끄러워서다.

부모 앞서간 자식은 불효자니 생각지 말라고 위로하는 이가 많았다. 그런 말을 들을 때마다 나는 오히려 섭섭한 마음이 들곤 한다.

남에게 덕은 베풀지 못해도 해는 끼치지 말자며 살아온 지난날이 허망하게 느껴진다. 불행한 일이란 늘 멀리 있는 것으로만 여겼는데 이런 일이 내게도 있다는 사실이 믿어지지 않았다. 신혼의 재미를 누리지 못하고 떠난 자식이어서 그러는 것만도 아니다. 가난했던 시절, 그 아이만 유독 고생을 시킨 것 같아 자괴감이 앞선다. 아이스케이크를 먹는 또래 아이들을 부러운 듯이 바라보아도 사주지 않아 바라만 보던 어렸을 때의 모습, 유치원 가방이 다른 아이들 것과 달라 놀림을 받으면서도 엄마가 만든 것이라고 말하지 못하고 한쪽 구석에서 고개를 숙이고 있던 아이의 모습은 지금도 어미의 가슴을 저미고도 남는다.

어쩌다 가게 되는 연회석에서 생각 없이 따라 웃다가 자식을 먼저 보낸 어미인데 하고 섬뜩 놀라는가 하면, 순간마다 스쳐가는 아이의 환영을 좇다가 옆 사람을 부른다는 것이 그 아이의 이름을 불쑥 부를 때가 있다. 그런 나의 모습이 여러 사람에게 눈치 채일 것 같아 되도록이면 모임의 자리를 피하고 살았다.

지난날 따뜻했던 정을 전해 주는 이가, 앞으로 10년이 지나면 기력이 없어 그만두려 하지 않아도 모임은 해산될 터인데 무슨 이유냐며 핀잔을 준다. 말하지 않는 내 심정을 그가 알 리 없다. 친구의 생일 선물을 사러 갔다가 건물이 무너져 아기 안고 죽은 산모의 일도 곧 잊어지는 요즘, 나 하나 가슴 아픈 일이 뭐 그리 대단한 일일까만, 눈만 뜨면 생각나는 아픈 기억들이 가슴을 저민다. 천국이 있다면 그 아이는 마땅히 거기에

가 있을 것이지만 가보지 않았으니 위로받을 수 없고, 설혹 있다 해도 후일 나 같은 어미는 갈 자리가 못 되니 그 또한 슬픈 일이 아닐 수 없다.

식구들이 다 나간 빈 집에 혼자 있으면 조금 전까지만 해도 부산하던 그 모든 움직임들이 일시에 정지한 듯 조용한 정적만 감돈다. 나는 혼자임을 의식하면서도 모든 구속으로부터 자유롭다는 느낌이 든다. 이런 시간은 남편의 공장 일을 도와 야식을 장만하고 돌아와 보면 어미를 목마르게 기다리는 네 아이의 뒷바라지가 왜 그리도 힘겨웠던지 그럴 때 나는 언제쯤 이 힘든 멍에를 벗어 놓고 호젓한 고독을 즐기는 나만의 시간을 가질 수 있을까 갈망했었다. 그때 나는 고독을 막연한 그리움으로 생각했고, 고독을 향유하는 사람은 한 차원 높은 지성인이 갖는 다른 세계로 여겼었다.

몽테뉴는

"고독한 생활을 하는 목적은 좀 더 유유히 자유롭게 살아가려는 데 있다."고 말하였다. 고독하고 싶었던 그 시간을 가졌는데도 나는 지금 고독을 피상적인 몸짓으로 받아들일 뿐, 자식을 잃고 난 후 내가 갖는 고독은 토막난 영상을 찾는 아픔뿐이며 고독이 주는 정신적 청정과 영혼의 정제를 느끼지 못한다.

남편을 잃으면 먼 데 산이 보이지 않고, 자식을 잃으면 앞산이 보이지 않는다고 한다. 시간이 지나면 잊을 것이라 하던 집안 친척들도 이제는 내 앞에서 아이 이야기를 꺼내지도 않고, 더러는 나를 부를 때 아들아이의 이름으로 고쳐 부른다. 내 마음속에는 자식에 대한 시시콜콜한 기억까지 선명한데, 현실에서는 아이의 사진이나 그 애가 쓰던 필적 같은 작은 흔적까지도 사라져간다.

거리로 나와 지하철을 탄다. 사람과 사람 사이 손바닥 하나 들어갈 틈이 없는 군중 속에서도 외롭기는 매한가지다. 전에 보이지 않던 큰아이 또래의 젊은이는 왜 그리도 아름답게 보이는지…. 세상에 영원한 것은 없다고 하지만, 내 떠난 뒤 아이의 기억을 들려줄 사람이나 들으려는 가까운 친척까지도 사라질 것이다.

무인도는 고독해도 갈매기와 범선이 있고, 누군가 다녀갈 기대와 소망이 있어 무인도가 아니다. 나는 그런 무인도가 부럽다.

어머니는 매일 아침, 별을 보며 직장으로 나갔다. 텅 빈 마당 가운데 드럼통 하나가 있었다. 오빠는 나를 그곳에 올려놓고 학교로 갔다. 나는 몸을 움츠리고 해를 따라 아침에서 밤까지 뽀얀 신작로 길을 바라보며 엄마를 기다렸다.

부모의 사랑 속에 자라야 할 그 나이에, 어쩌면 나는 유년 시절 고독부터 익혀왔는지 모른다. 그러나 식구를 기다리던 그 시절이 지금은 아련한 그리움으로 떠오른다.

여름이면 도시를 떠나는 긴 행렬의 피서객들을 바라볼 때가 있다. 행복해하는 가족들의 웃는 모습을 보면 고독을 피해 멀리 아주 멀리 달아나고만 싶어진다.

내가 공장에서 볼일을 보고 오면 딸아이는 하루 종일 혼자서 집을 지키며 놀다가 대문간에 나와 오도마니 나를 기다리고 있었다. 마치 어렸을 때 내가 나의 어머니를 기다렸듯이.

딸은 어머니의 삶까지도 닮는다고 한다. 딸은 내가 겪어야 할 내 몫의 외로움까지 온몸으로 감싸 안고 어미를 대신해서 이 세상을 떠났는지도 모른다.

그 아이를 마지막 떠나보내고 오던 날 어머니는 그래도 산 사람은 어째도 살아간다 하였다. 그러나 나는 속으로, '너를 따라 곧 가마' 하였다. 그러면서도 나는 지금 한 많은 세상에 남아 이 글을 쓰고 있다.

밖은 고요하고 찾아올 사람도 없는데, 금방이라도 딸아이가 어미를 부르며 들어설 것만 같다.

꽃을 든 남자

평소 아이들 먹일 과자 봉지 하나 사들고 오지 않던 남편이 꽃집 앞을 지나다 산 것이라며 화분을 안고 들어서는데, 그 모습이 다른 사람처럼 느껴졌다. 그런데 화분이래야 다섯 개의 꽃망울을 머리에 이고 잎 하나 없이 길고 짧은 대공 두 개만 막대처럼 꽂혀 있었다.

이름만 꽃이지 내 생전에 이런 꽃은 처음 보는 터라 이름을 물으니, 이름이란 본래 다른 사람이 붙여주는 것이니 보는 느낌대로 부부화로 부르자고 하였다.

남편은 하늘이요 아내는 땅이라고 믿는 남편은 첫눈에 그 꽃이 부부처럼 보였던 모양이다. 키가 큰 대공은 남편이고 짧은 것은 아내를 말하는 것이라고 강조하는 말 속에는 부부의 균형을 다짐하는 뜻이 담겨 있어 보였다. 함께 살아온 세월이

48년을 접어들고 있으니 이제는 아내의 자리를 수직 관계가 아니라 수평 관계라고 인정할 만도 한데 남편은 양보할 생각이 전혀 없는 듯하다.

화분을 식구들이 잘 볼 수 있도록 식탁 앞 TV 옆에 두었다. 그 후 식탁에 앉으면 그 꽃을 주제로 대화가 이어진다. 식물도 사랑을 받으면 잘 자란다고 하던가. 아침에 일어나면 먼저 눈이 가는 곳이 그 화분인데, 하룻밤 사이 눈에 띌 정도로 쑥쑥 자라 콩나물을 키우는 듯하였다. 나는 식물의 굴절은 햇빛을 따라서만 하는 줄 알았는데 낮이면 두 대공이 엄지 손마디만큼 떨어져 있다가 밤이면 합방이라도 하듯 바늘구멍만 한 틈도 없이 서로 밀착하여 어찌 보면 두 대공이 하나로 보인다.

그날 아침은 다른 날보다 일찍 일어났다. 아직 날이 밝지 않은 식탁 창문이 환하게 밝아 오고 있었다. 눈을 크게 뜨고 보니 거짓말처럼 아내라고 이름 지어 놓았던 대궁이 다섯 개의 꽃망울을 활짝 틔우고 남편이라고 하던 꽃 대궁 키 위에서 아래를 내려다보고 있지 않은가. 그 모습은 양처럼 순종만 하던 아내가 나이를 먹으면서 자리바꿈을 하고 윗자리에 앉아 남편을 내려다보는 모습과 다를 바 없어 보였다. 위아래 순위가 바뀌는 식물학적 근거는 어찌 되었거나 이것은 우연으로 이루어진 일은 아닐 것이다. 밤사이 다섯 개의 봉오리를 피워 내기 위해 제 몸을 삭여낸 뿌리는 또 얼마나 고달팠을까. 자연의 결속이 신비스럽기만 하다. 딸과 내가 대궁의 위치가 바뀌었다고 큰 소리로 이야기를 하는데, 남편은 꽃 모양이 나팔꽃을 닮았다고 할 뿐 우리의 말은 들은 척도 하지 않는다. 나는 부용꽃을 닮았다 하고 딸아이는 백합꽃을 닮았다고 한다. 처음엔 연분홍색을 띠다가 다섯 봉오리가 다 필 때는 아기 볼처럼 볼그스레하다.

아이들이 제 일을 가지면서부터 함께 살아도 키울 때 같지가 않다. 전쟁터에라도 나가듯이 급히 밥을 먹고 사라지면 저녁이 되어야 만나게 된다.

부부란 무엇인가. 한 남자가 한 여자를 만나 아이를 낳고 그 아이가 다시 그 길을 가는 것, 하느님께서 아담의 갈빗대로 여자를 만든 다음 아담에게 데려오자 그가 외쳤다. "내 뼈에서 나온 뼈요, 내 살에서 나온 살이로다.…" 성경이 말한 대로라면 부부는 한평생 싸우며 살지 말아야 한다. 그러나 보따리 한 번 싸보지 않은 아내 있던가. 싸우지 않고 사는 부부가 있다는 말을 듣긴 들었다. 내가 아는 친구는 한 번도 부부 싸움을 해본 일이 없다고 한다. 그 말이 진담인지는 모르겠으나 부럽다는 생각에 앞서 무슨 재미로 살았을까 싶다. 미운 정이 들어야 속정이 생긴다는 어른들의 말이 맞는 듯하다. 고운 정은 어려움이 닥치면 떠나기 쉬우나, 미운 정은 미워한 만큼 사랑으로 변하는 것인지 더 결속이 되어 하나가 되는 것을 보았다.

부부 싸움은 칼로 물 베기라는 말을 들으면서 나는 부부 사이가 좋을 때를 1+1=1이라는 수를 놓고, 사이가 나쁜 때를

1+1=2의 수로 놓아 보았다. 좋을 때는 관념적인 수이지만 싸운 뒤의 수는 확실한 실수라는 수를 놓으며, 백 년을 살아도 알 수 없는 것이 부부 사이라는 말을 실감한다.

부부 싸움은 개도 거들떠보지 않는다는 일본 속담은 그만큼 부부는 싸우며 산다는 말이기도 하다. 인형처럼 사는 것이 권태로워 가정을 벗어나려고 몸부림을 친 노라를 닮은 것도 아니다. 밥 짓고 빨래하는 일이 나의 천직인 양 가정의 평화만 유지되면 더 바랄 것이 없다고 생각했었다. 그러나 돌아보면 왜 그리도 많이 가슴을 쓸어 냈던가 싶다. 제사 문제와 아이들 교육 문제, 어떤 날은 TV를 보면서 '남의 집' 싸움이 내 집 싸움이 되기도 하였다. 돌아보면 수직 관계를 수평 관계로 바꾸려던 나의 몸부림이 아니었던가 싶다.

그러나 나쁜 습관도 오래 하다 보면 내 몸이 되듯이, 요즘 내 자리가 그렇게 편할 수가 없다. 관장하는 모든 일의 마지막 결정을 해야 하는 만인지상萬人之上 높은 자리에 앉은 나라님은 고독할 것 같다. 가정을 끌어가는 남편이 고독하게 보이는 것은 이제사 철이 드는 까닭인가. 나는 다시 태어나도 앞장서서 끌어가야 하는 결정권을 가질 생각은 없다. 순종을 하면 결과가 잘못 되어도 책임질 의무가 없을 뿐 아니라, 내린 결단을 객관적 입장에서 바라보면 새로운 생각이 떠오를 때가 있다. 옆에서 거들다가 내 의견이 적중했을 때는 지혜롭다는 칭찬까지 덤으로 받게 된다.

요즈음 아내에게 매 맞는 남편이 있다는 말도 들려 격세지감을 느끼지 않을 수가 없다. 야사에는 이런 이야기도 있다. 어느 날 한 장군은 병사들을 시험해 보았다. 푸른 기와 붉은 기를 꽂고 "아내를 두려워하는 자는 붉은 기 아래, 아내가 두렵지 않은 자는 푸른 기 아래 가서 서라."고 명령했다. 그런데 한 병사만 푸른 기 아래에 서는 것이 아닌가. 장군은 병사에게 물었다.

"자네는 어째서 아내가 무섭지 않은가?"

병사는 이렇게 대답했다.

"아내가 항상 주의하기를 사나이들은 셋만 모이면 음담패설을 하게 마련이니 세 사람 이상 모이는 곳에는 절대로 가지 말라고 해서 아무도 없는 이곳에 와 서 있습니다."

아내를 몹시 두려워했다는 〈외처장군畏妻將軍〉의 이야기다.

나는 남편이 '외처장군'이기를 바라지는 않는다. 다만 가끔 꽃을 든 남자였으면 싶을 뿐이다.

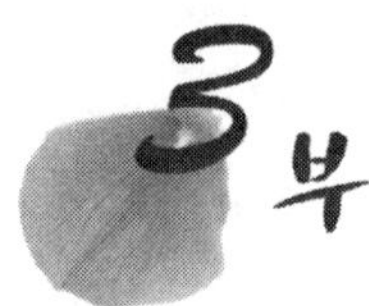

3부

파마를 하며

모기 이야기

노을빛을 바라보며 오늘을 기억할 수 있었으면…

연암을 찾아 고가자로

한 장의 흑백사진

토가족의 눈물

강물

파마를 하며

생머리에 고대를 하고, 비가 오면 옷은 젖어도 머리가 풀릴까 봐 남의 집 처마 밑에서 비 그치기를 기다리던 때가 있었는데 파마는 그런 걱정이 없어서 좋다. 비 오는 날에 파마를 하면 잘 나오지 않는다는 말도 있지만, 어린것들이 잠든 틈을 타 조바심을 내며 미장원을 갔었다. 롤을 말고 수건을 뒤집어 쓴 그대로 집에 와 잔일을 하고 있으면 미장원에서 빨리 오라고 연락이 와도 나는 늦장을 부린다. 그래야만 파마기가 오래유지 될 것 같아서다.

미장원 요금이 생활 등급과 같은 것인지 이름값에 따라 가격도 들쭉날쭉이다. 오만 원이 넘는 곳이 있는가 하면 오천 원 하는 곳이 있다. 나는 되도록이면 싼 미장원을 간다. 웨이브만 나오면 집에서 손질하기에 따라 머리 모양이 잡혀 비싼 곳에서 하나 싼 곳에서 하나 그게 그거라는 생각이 들어서다. 시쳇말로 처녀와 아줌마의 차이가 파마를 오래가게 해 달라는 것과 자연스럽게 해 달라는 말의 차이라고 하는데 나는 꼬불거리기만 하면 만족하기 때문에 웨이브가 오래만 가면 그만이다.

강남으로 이사를 와 동네 미장원에 단골이 되었다. 주인이 바뀔 때마다 간판도 몇 번 바뀌었지만, 그래도 나는 그 집에 간다. 단골이라는 말은 내 편에서 하는 말이고 주인은 갈 때마다 나를 알아보지 못한다. 한 곳을 오래 다녔으니 단골손님이라고 자부할 수도 있겠으나 주인 입장에서 보면 나 같은 사람은 와도 그만, 안 와도 그만일 것이다. 일 년에 한두 번 가는 파마손님이 어찌 고객이 될 수 있겠는가.

아름답고자 하는 여인의 역사를 더듬어 올라가면 고대 이집트 여성들은 머리의 웨이브를 내기 위해 막대기를 롯드로 사용해 진흙을 바르고 햇빛에 말려 구불거리는 웨이브를 냈다. 로마에서는 불에 달군 철봉을 이용해 컬을 만들기도 했다. 이규경의 개화백경에 보면 1933년 정동입구에서 러시아계 여자가 미용소에서 파마라는 것을 시작하였다는 기록도 있다. 아름답고자 하는 여성의 욕구는 국경을 초월해 한마음으로 흐르는 듯하다.

클레오파트라의 코가 조금만 높았어도 세계의 역사가 바뀌었을 것이라는 말이 있듯이 만일 여자에게 파마가 없었다면 여성의 권리 또한 바뀌지 않았을까 하는 생각을 해 본다.

1936년 영국의 J.B 스크프만이 현대식 파마를 개발하여 영구적이라는 단어를 만들었으나 파마의 영구성보다 아름답고자 하는 여성의 소망이 더 영구적으로 이어오고 있다.

유럽 여성들은 집에서 자기 손으로 파마를 한다는 신문기사를 읽은 일이 있다. 사람이 하는 일, 의술도 아닌데 나도 해보고 싶어 시도를 하였더니 미장원과 내 집을 드나들며 하던 파마보다 번거롭지 않아 예쁘지는 않아도 할만 했다.

딸아이가 빈에서 공부할 때 학교에 가고 나면 특별히 할 일도 없었다. 언어를 모르니 집안에서 할 수 있는 일이 무엇일까 생각하다 파마를 하고 싶어졌다. 기구상을 찾아 나섰는데 파마 약을 슈퍼에서 판다고 친구가 귀띔을 해 주었다. 갖가지 모양의 파마 기구를 슈퍼에서 팔고 있었다. 이 나라 주부들은 파마를 집에서 하는 모양이다. 파마기구가 어찌나 예쁘고 편리하게 만들어져 있던지 기술이 없어도 하고 싶은 생각이 절로 났다. 중화제를 뿌리고 거울 앞에 마주 서니 아이스크림을 발라놓은 듯한 머리가 면사포를 쓴 신부 같아 보였다. 팔은 아팠지만 어머니가 하던 숯 파마에 비하면 지금 하는 파마는 일도 아니다. 백묵 같은 크기의 숯을 기구에 담아 머리를 말고 뜨거운 열기에 델 것 같아 얼굴을 찡그리고 새색시처럼 조신하게 앉아 있던 어머니의 모습은, 평소에 치마를 둘러 여자지 남자 같다는 말을 듣는 어머니와는 전혀 어울리지 않는 모습이었다.

잔 일거리를 들고 텔레비전 앞에 앉아 TV를 보면 시간을 낭비하지 않는 것 같아 편하게 보게 된다. 사방에 비취는 거울 앞에서 부동자세로 앉아 미용사에게 맡기는 머리손질보다 텔레비전을 보며 하고 싶은 일 해가며 자유롭게 내 손으로 파마를 한다.

발 없는 말이 천리를 간다고 하던가. 어디서 들었는지 유학생들이 저희도 파마를 해 달라고 집으로 몰려 왔다. 나를 믿고 자격증도 없는 내게 자신의 머리를 맡기는 것은 해 주는 사람이나 맡기는 사람의 용기 없이는 있을 수 없는 일이다. 말하자면 면허도 없는 의사에게 몸을 맡기는 것과 다를 바 없는 일인데 아름답기만을 바라는 나이에 한 푼이라도 아끼려고 내게 온 유학생들의 마음이 지금도 아름답게 떠오르며 그들의 근황이 궁금해진다.

파마를 하고 드라이기로 웨이브를 내고 교회에 갔다. 나를 본 교인이 예뻐졌다고 하였다. 집에서 파마한 덕일 거라고 말하였더니 놀란 표정을 짓는데 말과는 다르게 그림자 같은 어두움이 스쳐지나갔다. 그의 눈에는 내가 돈만 아끼려는 수전노로 보였던 모양이다. 옆에서 듣던 친구가 목소리를 낮추며 “너 죽으면 돈 가져 가냐, 얼마나 산다고 그 극성이냐.”고 핀잔을 주었다.

그녀의 말을 들으며 자신에게 좋은 일이 남에게 다르게 보일 수도 있겠다는 생각이 들며 나는 지금 어떤 삶을 살아가고 있는가를 자문해 보았다.

인생은 굵게 살아야 한다지만, 먹고 사는 일과 가르치는 일이 평생을 바쳐도 부와 권리를 얻기 어려운 세상, 요행을 바랄 수는 없는 일, 도둑질 말고는 다 하라는 말대로 하루하루 늘어나는 통장을 보며 쓰는 재미보다 모으는 재미가 더 좋다고 살아왔다.

돈은 벌 때보다도 쓸 때가 어렵다고 한다. 나이가 들면 입은 닫고 지갑은 열라고 하는데 덕을 쌓으라는 말일 것이다. 송나라 때 시인 예찬은 나이가 들어 그가 가진 모든 재산을 친구에게 나누어 주고 일엽편주에 몸을 싣고 자유로이 세상을 떠돌다 생을 마감하였다. 나와는 무관한 얘기처럼 들리는데 왜 마음 한 구석에 무게가 실리는지 알 수 없는 일이다.

아침 설거지를 하며 공기에 붙어 있는 밥알을 떼어 먹다보니 내가 바로 자린고비라는 생각이 든다.

모기 이야기

한여름 더위를 이기기 힘든 때 기승을 부려 귀찮게 하는 것이 모기다. 파리도 마찬가지지만 모기는 피를 빨아먹는 놈이어서 불결한 생각에 앞서 두려운 생각이 든다. 만물의 영장이라고 하는 사람이 모기가 두렵다면 체면 문제이겠으나, 뇌염과 말라리아 소아마비의 전염병을 옮긴다고 하니 마냥 얕잡아볼 수만도 없다.

고대 희랍과 로마 제국을 망치게 한 시발도 사소한 모기 때문이며, 부엉이가 멸종되어 가는 원인도 어린 새끼가 자라기도 전에 모기에게 물려서 희생되기 때문이라고 한다. 그러나 알 수 없는 것이 조물주의 조화인지, 사람에게 해가 된다고는 해도 암스트롱이 달을 정복하여 세계가 떠들썩할 때 지구에서 가지고 갈 생명체 중에는 모기와 파리도 한 몫 한다는 말이 있었다.

입에 풀칠하기도 어렵던 시절에는 이, 빈대, 벼룩이 극성을 부리더니 생활이 나아지면서 자취를 감춘 지 오래다. 미군이 들여온 DDT 때문이라는 말이 있고 공해 때문이라는 말도 있지만, 그런 중에도 모기만은 더 기승을 부려, 어느 지방에서는 마을 전체가 모기를 피해 이사를 가야 한다는 보도가 있었다. 어쩌면 모기와 인간은 유구한 세월을 필연적 관계로 그 명맥을 이어온 것인지도 모를 일이다.

지금은 자취도 없이 사라졌지만 6·25 전쟁 이전부터 서소문 법원 뒤에는 중국 피난민들이 살고 있는 판자촌이 밀집되어 있었다. 오전 오후반으로 나누어진 초등학교 수업이 끝나면 해는 중천에 떠 있다. 덕수궁 돌담길을 돌아 그 앞을 지나다 보면 언제나 만나게 되는 것은 해를 안고 쪼그리고 앉아 이를 잡는 중국 여인의 모습이었다. 어린 우리가 구경을 해도 개의치 않고 양쪽 엄지손톱으로 잡다가 성이 차지를 않았는지 솔기를 접어서 입으로 자근자근 깨물던 여인의 모습이 아직도 기억 속에 생생하게 남아 있다. 그런 날은 큰일이라도 난 것처럼 어머니께 달려와 이 잡던 여인의 이야기를 장황하게 늘어놓았지만 내 이야기는 귓전으로 듣고, 기다렸다는 듯이 흰 옥양목을 펴고 참빗으로 내 머리카락을 훑어 내렸다. 내가 아프다고 울어도 사정을 봐주기는커녕 오히려 주먹다짐이나 받고는 했다. 그렇던 이가 사라진 것은 다행한 일이지만, 해마다 멸종되는 동식물을 보면 아직 모기가 멸종되지 않은 것은 어쩌면 다행한 일이라는 생각이 든다.

오스트리아 빈에서 딸아이가 유학하던 시절, 몸집이 큰 모기를 보고 놀랐었다. 한 손으로 허공을 잡기만 해도 손안에 잡혀 모기도 그 나라 국민성을 닮는가 했다. 미세한 움직임에도 달아나던 모기가 요즘은 앉으면서 공격을 하고 잽싸게 달아난다. 명주실보다 가는 침으로 살갗을 쏘고 달아나면 모질게 긁어도 시원치가 않아 부끄러움도 잊고 치마를 들썩이게 된다. 두 눈을 굴리며 손바닥을 비비는 파리와는 다르다.

처서가 지나면 모기 입이 삐뚤어진다는 말이 있는데, 요즈음은 입만 살아서 해를 넘기며 사람을 괴롭히던 빈대를 닮아 간다. 입동으로 접어든 방안에서도 모기를 보게 된다. 뒷다리를 낮추고 침을 꽂으려는 순간 숨을 죽이고 내리치면 용케도 손바닥 사이를 빠져나가 나 잡아 보라는 듯이 유유히 눈앞에서 사라진다.

아이들은 모기에 물리면 큰일이라도 나는 것처럼 모기향을 챙기고 각자 제 방으로 들어가고 모기향 타는 냄새가 문틈으로 새어 나온다. 아이들 방에서 타고 있는 나사형의 안테나 같은 모기향은 예전 같으면 대감 집에서나 피울 귀한 약제였다. 제충국除蟲菊을 말려서 추출한 피레트린, 냉冷을 피운다는 양지초諒之草와 잎에서 나는 냄새로 모기를 쫓는 구문초, 근심 걱정을 잊게 하는 망우초를 농축하여 만든 것을, 아이들 얼음사탕

하나 값으로 팔아 모기를 피해 잠들 수 있는 세상이 된 것은 얼마나 다행한 일인가. 그러나 나는 평상에 누워 별을 헤며 모깃불을 피운다면 마다 할 이유가 없지만, 닫힌 공간에서 모기를 잡기 위해 연기를 마시며 밤을 지새울 생각은 없다.

불을 끄고 억지로 잠을 청하니 잠은 오지 않고 대문 밖 차들의 소음이 빨라지는 소리를 좇아 귀 기울이니 어디서 날아왔는지 가늘고 앙칼진 모기 소리가 눈앞에서 멈춘다. 비록 피를 빨아먹는 놈이라고는 하나 바이올린 E선의 선율을 내며 우는 소리가 연민의 정을 느끼게 한다. 해충의 소리를 연민의 정으로 듣는 것은 아직 마음 밭에 정감이 남아 있다는 증거일까?

고려 때 시인 이인로李仁老는 팔에 앉은 모기를 보고 "무슨 팔자 그리 사나워 그 많은 기름진 살 못 찾고 누더기 옷 틈에 드러난 고목 같은 내 살에 앉았느냐."고 읊었다. 미물일망정 사랑의 눈길로 보는 노인의 여유로움이 성인처럼 다가오기도 하고, 지금의 아이들이 들으면 웃을 일이지만 아버지에게 갈 모기를 유인하려 알몸으로 아버지 곁에 누워 잠을 청했다는 효자 이야기도 생각난다.

주위를 맴돌며 가냘프게 우는 모기 소리가 엄마를 찾는 아기 울음 같기도 하고 허기진 산모의 호소 같기도 하다. 모기가 사람의 피를 찾는 것은 산란기의 단백질이 필요하기 때문이라고 하는데, 사람에게 이롭지는 않다고 해도 무심하게 들리지가 않는다. 차라리 소리 없이 먹고 달아나면 피 한 방울 아까울 것도 없을 텐데, 훔쳐 먹을망정 거짓말은 못하겠다는 것인지 한 마리가 나오면 또 한 마리가 약속이나 한 것처럼 순서대로 나와 괴롭혀 잠들기가 쉽지 않다.

겨우 잠들었다가 가려움증에 눈을 뜨니, 전등불에 비친 모기는 포만감에 민들레 홀씨만한 붉은 배를 벽에 붙이고는 불을 켜도 날아갈 생각을 하지 않는다.

팔뚝은 부풀었고 긁은 자리에 손톱자국이 붉어 있다. 나는 순간 방금까지 모기 소리를 노래로 들으려던 마음은 어디로 가고 손바닥으로 내리쳐 벽에 핏자국을 내고 말았다. 손바닥에 묻어난 선홍을 보며 생명을 죽인 것에 대한 미안함이나 죄책감은 조금도 없이 본전을 찾은 듯한 만족감에 졸음을 잊었다.

모기 몇 마리를 잡고 살생을 했다는 죄의식과 만족을 느꼈다면 과민반응이라고 생각할 사람이 있을지 모른다. 내 나름대로 뚜렷한 삶의 지표를 지녀 본 적은 없지만, 나는 종교를 믿기 이전 모나지 않고 쉽게 마음이 시키는 대로 산다면 그것이 살아가는 진실이라고 믿었다.

모기를 잡으며 나도 몰랐던 내 안의 나를 본 것이다. 남에게 득은 되지 않더라도 해는 끼치지 말자며 입버릇처럼 한 말이 부끄럽기만 하다.

노을빛을 바라보며 오늘을 기억할 수 있었으면…

동창회모임을 잊고 지내다가 참석한 지 얼마 되지 않아 이박 삼일의 일정으로 남해안 관광을 떠나게 되었다. 소식 모르고 지낸 동창들과 가는 첫 여행은 아는 사이지만 낯설게 느껴져 만나자는 약속시간에 5분 일찍 도착하였다.

양재역 구민회관 앞에 아는 얼굴이 아무도 보이지 않았다. 불안한 마음이 들어 줄을 짓고 있는 버스에 얼굴을 들이밀고 이 버스가 E대 졸업생이 가는 관광버스냐고 물었다. 대답 대신 옹골차게 말을 받으며 "누구와 가는 버스냐고 물으면 될 것이지 E대는 왜 들먹이느냐."는 것이다. 40년 만에 만나 친구와 떠나는 아이 같은 마음을 그녀가 알리야 없겠지만, 들떠 있던 마음은 사라지고 큰잘못이라도 저지른 사람처럼 자리에 앉으니 마음이 편치 않았다.

여행이란 떠난 후보다 떠나기 전이 더 즐거운 것, 나의 질문이 그녀의 귀에 거슬렸다 해도 관광업이란 손님에게 기분을 상하게 해서는 안 된다는 것은 누구나 다 아는 일이다. 여행을 나서는 모든 사람이 행복해서만 나선 길은 아닐 것이다. 쉽지 않은 삶, 오늘은 그 모든 것 다 잊고 싶어 나온 외출이다. 나는 참을 수가 없어 모처럼의 휴가를 그토록 불쾌하게 대할 것까지야 없지 않느냐고 반문하였다.

그런데 건너편에 앉아 있던 여인이 얼굴 가득 웃음을 담고 "조금만 참으세요. 곧 알게 됩니다."하는 것이 아닌가. 대형 버스 안에 동창들 외에 함께 가는 일행이 20명 더 타고 있었다. 그들은 이미 이 회사와 몇 번 관광을 다녀온 경험이 있는 사람들이었다.

버스가 출발하자 내게 대했던 표정은 어디로 가고 마이크를 잡고 오늘의 일정을 구수한 입담으로 사생활까지 섞어가며 말을 이었다. 남편은 9년 전 저 세상 사람이 되었고 4남매를 출가시켜 자식에게 손 벌리지 않으려고 직접 관광회사를 운영한다고 하며 나이 70이지만, 앞으로 10년은 일할 수 있다는 얼굴에는 주름살 하나 없이 젊음이 가득 차 있었다. 운전을 하는 젊은이는 아들이고 보조역을 하는 도우미는 딸이라고 소개를 하는데 핏줄로 이어진 가족인지는 알 수 없으나 그녀의 말대로라면 그 관광버스는 가족이 경영하는 달리는 기업인 셈이었다.

관광에서 빼놓을 수 없는 것은 역시 먹을거리다. 금강산도 식후경이라 하지 않던가. 사전에 예약된 생초면의 식당은 강이 보이는 한적한 곳이었다. 식당에 사람을 구름처럼 부려 놓고 식사가 끝나자마자 손님을 싣고 떠나는 일반적인 관광과는 달랐다. 언젠가 어머니를 모시고 관광을 떠난 일이 있다. 시도 때도 없이 가무에 술이 나오고 음담패설이 나와 국내관광이란 이런 것이려니 하지만 떠난 것을 후회하며 호젓한 관광이었으면 한 때가 있었다. 그런 모습을 닮았으리라 믿었던 나의 선입견과는 달랐다. 사장이 직접 시식 후 결정한 음식점인데도 버스가 도착하자 자기 집 부엌을 드나들 듯 채근하며 손님의 입맛을 일일이 챙기고 있었다. 그 모습은 안주인이 손님을 초대하고 맞이하는 모습과 다르지 않았다. 매운 음식을 먹고 나면 체내에서 요구할 듯한 단 것을 주고 산에 오르고 내려오면 찬 오이를 준비하였다가 내주는가 하면 과일과 찬 음료수는 시간과 장소에 따라 인체가 요구할 만한 준비를 세심하게 배려해 주는 것이었다. 어떻게 우리의 심정을 그토록 잘 알아 적합한 준비를 하느냐고 물으니 자신이 여행을 떠났을 때 입맛이 요구하는 느낌을 그대로 할 뿐이라고 했다.

장사란 10원을 보고 오 리를 간다는 말이 있는데 그녀는 이윤을 바라고 직업을 선택한 사람이 아니라 직업인으로 태어난 사람 같아 보였다. 처음 가졌던 불쾌했던 마음은 사라지고 그의 처사가 마음에 들어 죽기 전엔 사람을 평가하지 말라는 말을 생각게 한다.

이 말을 할까 저 말을 할까 주저하다 기회를 놓치고 스스로 자책하며 소심했던 일들, 친절이라는 명분으로 남의 인생에 끼어들어 정으로 엮어 가다 솔직한 심중의 말 한마디 하지 못해 원한의 관계가 되어 걷잡을 수 없는 불목의 나락으로 떨어져 잠 못 이루던 그 긴 세월의 아픔은 주위사람까지 얼마나 불편하게 하였던가. 첫 대면의 나쁜 이미지로 존재의 본질까지 치부해 버린 잘못이 부끄러워진다.

윌리엄 해즐릿(19세기 영국의 문예비평가)은 "인간은 아첨하는 동물이다."라고 하였다. 아첨은 아니더라도 흉내라도 내보고 싶다. 햄릿에서 왕자 햄릿과 재상 폴로니어스 사이에 오가는 대화다.

햄릿: 저기 구름은 꼭 낙타처럼 생겼죠? 폴로니어스, 맹세코 정말 낙타 같습니다.

햄릿: 나는 족제비 같다고 생각하는데요. 폴로니어스, 족제비처럼 물러가는군요.

햄릿: 고래 같은데? 폴로니어스, 꼭 족제비 같네요.

그녀는 나의 허영을 반향하며 보이지 않는 내면의 폴로니어스를 내게서 본 것은 아니었을까.

그러나 본질의 인간애가 어떻든 간에 오늘 나는 젊은 날의 꿈 많던 동창들과 떠난 여행이었다. 늙는 길 재미없어도 짐짓 있다 하여 내가 더 늙어 움직일 수 없는 나이가 되면 저녁노을 빛을 바라보며 오늘을 기억할 수 있었으면 좋겠다.

연암을 찾아 고가자로

1782년 7월 12일 연암이 심양을 출발하여 고가자에 도착한 것은 하루 길이었다고 한다. 현대 문명은 하루 길을 한 시간으로 단축해 놓았으나 대형버스는 다닐 수 없다는 이유로 갔던 길을 몇 차례 오가느라 시간을 빼앗기고, 중간 지점인 영안교에 잠시 머물다가 고가자로 가기로 하였다.

무수한 중국의 다리들을, 황제가 건넜다 하여 '어가로'라 이름 하였으니 그 시절 황제의 위상이 어떠했는가를 말해준다. 연암 일행이 책문에서 수비守備하는 세관원들의 몸수색을 당하며 지났으나 '어가로'에서만은 그런 까다로운 절차 없이 지난 곳이다.

영안교를 지나 15리 길을 간 뒤 점심을 들고 다시 40리 길을 걸어 고가자에 도착한 연암은 무슨 생각을 하며 이 다리를 지났을까. 명나라를 숭상하려는 공명파와 병자호란의 수치를 안겨준 치욕적 역사를 반등하자는 반청파의 두 이데올로기 사이에서 실리를 추구하려 했으나 받아들여지지 않았을 때 연암의 외로움이 어떠했을까. 독립은 하였으나 대국과 손을 잡아야 했던 약소국의 비애는 숙명이었던가? 나는 연암의 도포자락이라도 잡을 듯 서둘러 버스에서 내렸다.

땡볕에 누워 있는 황량한 들녘은 아득한데 먼지를 쓰고 있는 영안교 위의 표석은 세월의 때를 안고 매연이 날리는 사차선 도로 위에 서 있다. 한족어와 몽고어로 써놓은 비문은 눈을 떠도 감고 있는 형국이라 답답한 마음이지만, 삐침을 왼쪽으로 틀어 세로로 쓴 것은 몽고어이고 오른쪽으로 파임을 튼 것은 만주어라고 한다. 청나라가 만주족의 비위를 거스르지 않기 위해 두 나라의 글씨를 함께 새겨 놓음으로 평정을 꾀하려 했던 두 민족 간의 역사적 단면을 보여주고 있다.

삼종형 박명원의 권유로 비공식 수행원이 된 연암의 여행은 애초부터 거창한 목적이 있는 것은 아니었다. 비장한 결단이나 치열한 사명감을 완수해야 할 책임이 있는 것도 아니어서 그의 시각은 눈이 닿는 곳이면 어느 것이나 문화, 경제, 예술, 건축, 음악과 함께 하였다. 누구는 연암을 영국의 셰익스피어에 비견했다고 하여 지나치다는 말이 있다. 하지만, 내가 연암을 흠모해 이곳까지 온 것은 셰익스피어 그 이상이라 해도 과장이 아니다.

아스팔트 길가에 서서 인가를 내려다본다. 화려했던 역사의 흥망성쇠도, 지엄한 황제의 후광도 후손들에게 영원한 평등의 행복을 보장해 주지는 못한 것인지 몇 채 안 되는 인가엔 사람은 보이지 않고 뒷문 없이 지어진 집 마당엔 만지면 부서질 듯한 묶어 놓은 옥수숫 대가 장병처럼 담 벽에 기대어 있다. 나는 지난 역사의 자존심을 조금이라도 회복하고 싶어 허리를 펴고 경쾌한 걸음으로 석교를 건넜다. 연암은 여자의 머리핀 하나에도 더듬이를 세우며 관찰했는데 왜 '어가로'에 대한 기록은 없었을까 하는 의문이 들었다. 하지만, 내가 열하일기熱河日記에 흠뻑 빠진 것은 역사적 사실이나 예술성보다 연암의 인간성이었다.

양반과 천민을 차별하던 시절, 사람과 사람들 속에서 삶의 가치를 추구하려 했던 연암은 이백 년 후의 문명이 가져올 불행을 통찰한 것은 아니었을까? 저잣거리의 상인들에게 다가가 그들의 삶 속에서 예술과 시정을 살피며 위선적인 삶이란 인간을 고립시키는 결과라는 암시를 제공하였다. 그는 미래의 인간들이 겪게 될 고독에 대해 알고 있었는지도 모른다. 이기적 인간상의 결과란 사람과 사람 사이의 화합은 물론 부모자식 간의 결별과 부부의 이혼조차 예사가 되어 신경쇠약에 걸려 몸부림치다가 자살도 서슴지 않는 현대인의 고독을 예견했는지 모른다.

연암은 스스로 소소 선생이라고 말한 때가 있다. 어른이 웃자 문 밖의 아이들이 영문도 모르고 따라 웃듯이 연암의 발자취를 쫓다 보면 웃음을 참을 수 없다. 남들이 다 잠든 밤에 술집과 시장, 발길 닿는 곳마다 촉각을 세우고 새로운 것에 대한 호기심으로 잠행을 다녀와서는 시치미 딱 떼고 대열 속에 천연덕스럽게 합류한 연암의 기지가 웃음 짓게 하지만, 그는 자신의 고독을 승화하여 끌어안음으로써 예술혼을 불태웠다.

영안교를 출발하여 55리 고가자로 가는 길이었다. 양반은 얼어 죽어도 곁불은 쬐지 않는다는 시절, 태양 볕이 내리 쬐는 한나절, 말 위에 너른 판자를 깔고 잠을 자는 연암은 인생을 뜬구름처럼 생각하는 완전 자유인이었다. 마치 돈키호테가 시종 산초 판사와 애마 로시난테만을 데리고 기상천외한 기행을 감행했듯 말고삐를 잡고 가는 창대와 흔들거리는 말 등에 너른 판자를 깔고 그 위에 누워가는 철저하게 고독했던 연암, 뒤를 따르는 장대, 소설 속의 산초와 270년 전 역사의 인물, 연암을 대칭해 떠올려 본다. 세르반테스가 당시 기사도의 부조리를 타파하려는 데 그 뜻이 있었다면 연암은 스스로의 고독을 승화하려 했다.

연암이 영안교를 떠나 고가자로 간 55리 길을 우리는 한 시간에 도착하였다. 60년대 우리나라 시골 마을을 닮아 있는 마을은 약국과 음식점 슈퍼까지 갖추어 있어 연암이 노숙했던 흔적은 짐작으로조차 찾을 길이 없고 창밖 유리창에 비치는 약국은 진열대만 보이는데 안으로 들어가니 갖출 것은 다 갖춘 듯하다. 연암이 이곳 어디쯤 하룻밤 노숙을 하고 지냈을 땅을 밟고 서 있다는 것은 상상만으로도 얼마나 가슴 벅찬 일인가. 아스팔트길을 곧게 따라가면 고가자의 표석이 하나 있다는 말을 듣고 잃어버린 지기라도 찾은 듯 단박에 나섰다. 어린 포플러 나무가 길 양편에 심어 있기는 하나 작열하는 뙤약볕 기세에 흐르는 땀을 주체할 수 없다. 잰걸음으로 길 따라 걸어가니 표석 하나가 우리를 맞는다.

'孤家子' 앞면은 또렷한 글씨가 선명한데 뒷면은 흐릿한 글씨라 사진을 찍어도 나올 수 없어 도움을 청해 뜻을 물었다. '청나라 초엽 여기에 집 한 채가 외롭게 있었기에 고가자라고 이름한다.' 표석에 쓰인 글의 설명을 듣고 본 황량한 들녘에 외딴집 한 채 외롭게 살던 집주인의 고독이 눈에 보이는 듯 폐부에 닿는다. 누구 한 사람 아는 이 없는 들녘에 살았을 그 집 주인은 어떤 사람이었을까. 어쩌면 그는 삶의 고통을 고독과 맞바꾸고 싶었는지도 모른다. 아니면 세상을 야유하고 냉소하는 익살꾼이었는지도 모른다.

고독은 철저하게 맞이할 때 향유할 수 있다고 말한다. 일망무제의 600리 길 요동벌판을 지날 때 연암은 외로움을 느끼기보다 짜릿한 전율을 체험했으리라. 악마가 예수그리스도를 시험해 본 것도 황야에서였다. 석가는 아난을 만나기 위해 고독을 승화했고 공자는 안회가 있어 고독하지 않았다.

외딴집 한 채, 나는 고가자에서 고독을 승화하고 살다간 이름 모를 주인을 연암과 함께 만났다.

한 장의 흑백사진

TV 화면에서 6 · 25 특집 방송이 나오고 있다. 장면이 바뀔 때마다 암울했던 전쟁의 기억이 떠올라 잠시도 눈을 뗄 수가 없었다. 어머니의 시체 앞에서 발을 구르며 울고 있는 어린아이와 여동생을 등에 업고 젖을 얻어 먹이며 구걸을 하는 어린 오라비의 모습이 전쟁을 겪었던 내 모습을 보는 듯하였다. 함께 TV를 보던 아이들의 얼굴에서는 6 · 25의 역사적 사실은 수긍하는 듯하지만, 그 비극을 피부로 느끼지는 않는 것 같았다. 전쟁을 겪지 않은 아이들에게 전쟁의 참화를 실감하라는 것은 무리라는 생각도 든다.

사진 찍는 것을 싫어하는 것은 아니지만, 언제부터인가 그런 일을 멀리하게 되었다. 살아온 날보다 살아갈 날이 짧아진 것을 생각해 보는 요즈음 찍어 놓은 사진도 몇 장만 남기고 정리를 해두어야겠다는 생각을 할 때가 있다. 풀뿌리를 잡고 살아온 인생, 피붙이인들 저희는 그렇게 살지 않았으니 어찌 애틋하게 보일까. 이집트의 파라오도 내세를 위해 무덤 속에 아방궁을 지어 두었지만, 남는 것은 허허로움뿐인데, 남들이 다하는 어미의 자리가 무어 그리 대단해서 흔적을 남길 것이며 저희는 어미를 사랑한다고 하나 죽은 후의 사랑이 무슨 소용이 있겠는가. 찍어 놓은 사진첩을 덮는다.

그러나 흘러간 시절의 영상 매체를 볼 때마다 나의 모습이 떠오르고 삶의 지표처럼 간직해 온 한 장의 흑백사진만은 남기고 싶다. 흘러간 세월이 지금의 나로 바꿔 놓아서만은 아니다. 사진이 담고 있는 세월 속에는 나의 지나온 추억들이 아로새겨 있어 교훈처럼 고통을 겪어야 할 때마다 이 사진을 가슴에 새겨 안고 살아온 셈이기 때문이다.

사진 속의 그날은 바람이 몹시 불었나 보다. 등 뒤에서 만국기가 펄럭여 바람이 옷깃으로 스밀 것만 같다. 반쯤 몸을 돌리고 수줍어 웃고 있는 깡마른 아이 옆에는 사십이 넘어 보이는 미 종군 기자가 서 있다. 오른손에는 슬라이드 사진기를 들고 왼손으로는 유엔기를 잡고 아이를 바라보며 포즈를 취하고 있다. 얼굴이 까맣고 깡마른 아이－ 아무리 보아도 그 모습이 나라고는 믿어지지가 않는다.

책을 좋아하셨다는 아버지는 어머니가 스물네 살 되던 해, 오빠와 나만을 남기고 떠났으니 어린 자식 둘의 장래를 양어깨에 짊어져야 했을 어머니의 고통과 서러움이 어떠했을까. 어머니에게 우리는 슬픈 십자가였으리라.

어려서 배앓이를 자주 하던 내가 잠에서 깨어 보면 어머니는 마당 가득한 달빛에 젖어 깊은 생각에 잠겨 있었다. 그 달빛을 보며 어머니는 혹시 재혼을 생각하셨는지도 모른다.

우리에게 시급한 것은 무엇보다도 배고픔을 이겨 내는 일이었다. 나는 지금도 어머니가 어떻게 가공된 각 나라의 국기를 난시에 만들어 팔 생각을 하셨는지, 지금도 어머니는 여인이기에 앞서 장부로 느껴질 때가 있다. 세계 각국의 국기를 미싱대에 올려놓고 박음질을 할 때면 세계가 작은 방 안에 다 들어앉아 있다. 그러나 판로가 없다면 밤 새워 만든다고 한들 무슨 소용이 있겠는가. 구구단은 못 외워도 오빠가 일러주는 사고 파는 외국어 몇 마디를 머리에 넣고 나는 남대문 방향으로 오빠는 종로 방향으로 떠난다. 만국기를 레이션 박스에 담아 멜빵을 걸어 짊어지고 대문을 나설 때면 아무리 바빠도 어머니는 우리가 사라질 때까지 그 자리에 서서 바라보곤 하였다. 파는 장소가 정해진 것은 아니었지만 온 장안 거리가 잿더미가 되었으니 주인이 있을 리 없다. 철근이 엿가락처럼 구부러진 폐허 더미에 돌기둥을 의지해 전선줄을 서너 번 가로로 감아 매고 참전국의 국기를 달아 놓고 손님을 기다리면 무너진 벽돌 기둥을 의지해 펄럭이는 오색 만국기와 어린 주인, 그것은 지금 생각해도 톱 뉴스감이 아닐 수 없다. 이라크전과 아랍전의 참상이 TV 화면에 비치면 나는 그때의 나와 대한민국은 어떤 모습으로 보였을까를 상상해보곤 한다.

가던 길을 멈추고 "하우 마치디스이즈?" 하며 국기 값을 물으면 지금까지 수줍고 울적했던 마음은 순식간에 사라지고 오빠가 일러 준대로 "디스 이즈. ○○○한다. 짧은 한두 마디 말로 흥정이 끝나면 그렇게 좋을 수가 없었다. 시간이 지나면서 유엔군들의 입소문으로 알려졌던지 사러 오는 군인들의 수가 늘어나고 어디에서 배웠는지 값을 깎는 사람이 있는가 하면 달리는 차를 세우고 차렷 자세로 국기 앞에서 거수경례를 하는 사람도 있었다. 장사가 잘 된 날은 나는 숭의문이 바라보이는 남대문시장노전에서 엄마가 좋아 하는 밤, 사과, 찹쌀꽈배기를 사 들고 집으로 갔다. 세 식구가 둘러 앉아 풀어 놓은 음식을 먹으며 이야기의 꽃을 피운다. 이런 추세라면 크게 공장을 넓힐 수도 있겠다고….

집에서 나설 때는 청아하던 날씨가 국기를 달아 놓으면, 먹구름이 몰려와 두 팔을 벌린 작은 손바닥에 한두 방울 빗방울이 떨어진다. 비가 올 것인지 아닌지 고민하다 국기를 떼어 레이션 박스에 보물처럼 담고 집으로 오다 보면 햇빛은 쨍쨍하고 무지개까지 뜬다. 그러면 오던 길을 되돌아가지만 국기를 사려는 사람이 없다.

도강증 없이는 서울을 올 수 없었는데 피난 갔던 사람들이 한강을 넘어 오면서 서울이 자리를 잡아가고 군인들 모습은 사라져갔다. 사는 사람 없는 길가에 우두커니 앉아 있으면 낯선 군인을 볼 때와는 다른 지금까지 느껴보지 못했던 부끄러움이 일어나 해가 기울고 어두워지는 것이 그렇게 좋을 수가 없었다. 국기 판 돈이 적으면 시장은 들르지 못해도 밤은 나의 모든 것, 부끄러움까지도 덮어 주고 엄마를 만날 수 있다는 기대만으로도 새털처럼 발길이 가벼웠다.

덕수궁 돌담길을 따라 가다 꺾인 담길이 되면 어김없이 오빠는 하모니카를 불며 마중을 나왔다. 어머니는 그 시간만은 잿불을 화로에 담아 된장찌개를 올려놓고 우리를 기다렸다. 그럴 때 어머니의 얼굴은 모든 시름을 다 잊고 행복한 여인의 모습이었다.

사진을 건네준 종군 기자, 그의 손에 들렸던 슬라이드 사진기에 담긴 내 모습을 상상해 본다. 그 기자는 어떤 생각으로 나를 찍어 갔을까? 그가 살아 있다면 90수를 넘긴 나이, 그를 만나 묻고 싶다.

앞집의 태북이는 구두 통을 메었고 나와 한반이었던 영식이는 아이스케이크 통을 메었다. 그들의 소식은 알 길이 없지만 살아 있다면 나의 흑백 사진과 같은 추억을 간직하고 살 것이다. 그리고 배고팠던 전란의 시절을 회상할 것이다.

어떤 사람은 가난 때문에 어린 시절 콩나물죽을 먹었던 일을 떠올리며 살아온 의미를 되새긴다고 했다. 하지만 그것을 좋아서 먹었을 리는 없다. 내가 만국기를 팔던 일도 그런 것과 같은 얘기다.

어제는 폭우가 쏟아지더니 나뭇가지가 휘도록 바람이 분다. 바람을 따라 구름이 흘러간다. 사람이 산다는 것은 무엇인가.

지난 시절의 사진 한 장을 보면서 풍랑이 이는 바다를 노저어 온 것 같다는 생각에 잠긴다.

토가족의 눈물

얼마 전 중국 장가계 원가계를 다녀왔다. 중국 여행이 처음은 아니었지만, 같은 나라를 여러 번 다녀왔어도 전혀 다른 나라를 여행하고 온 느낌이 드는 것이다. 광활한 대지에서 오십 여섯 소수 민족이 13억 인구를 이루어 어우러져 사는 나라이고 보니 가는 곳마다 생활 풍습이 너무 달라 한 통치자가 지배하는 나라에서도 이토록 다를 수가 있구나 하였다. 아흔아홉 칸 집을 가진 자가 있는가 하면 한 칸 토굴에서 공기 밥에 국 말아 숟갈 없이 저번으로 후루룩 말아먹는 생활에 만족하며 사는 사람도 있다. 날아다니는 것은 비행기를 제외하고 다 먹는다는 곳이 있는가 하면 모기의 눈알과 낙타의 발바닥 요리가 일품인 곳도 있다.

북경에서 비행기로 2시간 30분 거리, 호남 성 서북부에 위치

한 장가계 원가계는 자연의 모습을 그대로 간직하고 있는 곳이다. 서울에서 비행기로 5시간이면 닿게 되는 곳, 지구상에서 일어나는 자연의 파괴가 심각한 지경에 이르렀다고 개탄하지만, 이곳에서는 할 말이 못된다. 과학 문명과 상관 없는 천혜의 순수를 그대로 지니고 있는 곳이었다. 장막으로 막혔던 단절의 세월이 지방의 특색과 자연을 그대로 보존토록 한 것은 아니었을까. 금강산의 아름다움을 지금까지 보존할 수 있는 것은 내국인도 오를 수 없도록 금지령을 내렸기 때문이라는 말과 통하는 것 같다.

인생불도 장가계 백세두능칭노옹人生不到張家界 百歲豈能稱老翁, -살면서 장가계를 가보지 않고 어찌 백세를 누렸다고 할 수 있느냐는 말은 원주민들의 자부심이기도 하다. 도연명도 도화원기에서 이상향으로 묘사한 무릉도원이 이곳이라 하였다.

떠나기 전 들었던 상식으로는 장가계 원가계는 유네스코가 지정한 자연 보호지역이며 우리나라에 알려진 것은 8년 전이라는 것과 한국말로 물건을 사고 우리 돈이 통용되는 곳이라는 말을 듣고 떠났다. 하지만, 도착시간이 밤이어서 차창 밖으로 보이는 것은 칠흑 같은 어두움뿐이었다. 뺏고 빼앗긴 역사적 아픈 세월이 이곳이라고 해서 피해 갈 수는 없는 것, 안내자는 역사의 흐름으로 시작하여 생활 풍습 등을 설명해 준다. 토가족土家族은 스스로를 가리켜 땅에 사는 사람이라는 호칭을 썼다는 것, 당나라 중반기 오만으로부터 내려오면서 말엽에는 팽

감(彭)이 끌고 간 남이南夷와 원주민들이 하나의 토가족을 이루고 산다는 것 등을 달리는 차 속에서 숨도 쉬지 않고 들려주었다. 하지만, 나는 역사가 남긴 전쟁사 이야기보다 토가족의 생활 습관이 더 재미있게 들렸다.

남녀가 만나 마음에 들면 호수를 마주보고 노래를 불러 서로의 마음을 주고 받는다. 여자가 먼저 노래를 부르면 남자가 화답으로 세 곡을 부른다. 결혼할 서로의 뜻이 정해지면 남자는 여자의 발등을 세 번 밟고 여자는 한 번 밟는 것으로 가약이 끝난다는 것이다. 구리반지 하나 없이 발등만 밟는 것으로 결혼을 결정짓는 사심 없는 그들의 결혼 풍습이야기는 너무도 낭만적이어서 듣는 이의 마음을 사로잡는다.

그러나 그 약속이 파기 될 경우, 낭만적인 시작과는 달리 사뭇 위협적이다. 남자는 소 한 마리를 여자에게 보내야 하고 능력이 없을 때는 여자의 집에서 삼 년 동안 머슴살이를 해야 한다는 것이다. 동서양을 막론하고 인륜지대사인 결혼은 어디를 가나 어렵고 힘들기는 마찬가지인 듯하다. 둘 사이의 약속은 가문과 이웃과의 약속이 되어 문서 이상의 엄격함을 보이는 것이다. 법률에 매여 살아가는 문명인들의 절차보다 신뢰를 법보다 앞세우는 단조로운 삶이 행복해 보였다.

결혼이 정해지면 행복에 들떠 있을 신부는 그날부터 홍역을 치르는 연기를 해야 할 절차가 기다리고 있다. 신부가 될 여자는 결혼 15일 전부터 가족과의 이별을 슬퍼하고 다리를 놓아준

중매자를 욕하며 한 달에서 길게는 6개월간 곡가가哭嫁歌를 부르며 울어야 한다. 그것도 수건을 짜면 물이 뚝뚝 떨어지도록 울어야 하기 때문에 눈물을 흘리도록 지도하는 과외 선생이 성업 중이라고 하였다. 결혼식 날 신부가 웃으면 경망해 보이니 조신해야 한다는 말을 할머니께 들은 일은 있었으나 울어야 한다는 말은 들어 보지 못했다. 장례식장에서 대신 울어주는 곡소리꾼도 삼일이면 눈물이 마른다고 하는데 그토록 오랫동안 눈물을 흘릴 수 있을까. 울어야 할 장소에서 눈물이 나지 않는 것만큼 어려운 일도 없다. 죽고 못 사는 친구의 아버님이 돌아가셨을 때 장례식장에서 곤욕을 치른 일이 있었다. 함께 간 친구들은 넋두리까지 하며 우는데 나만 맨 얼굴로 친구를 대하자니 눈가에 침이라도 바르고 싶은 심정이었다.

눈물이 슬프다고만 나오는 것은 아니다. 사랑이 사무쳐도 울고 기쁨이 넘쳐도 울 때가 있다. 하지만, 사랑하는 감정도 곡진한 이별이 아닌 바에야 그토록 오랫동안 울 수는 없지 않은가. 여자는 결혼하는 날을 평생의 아름다운 추억으로 간직하며 인고의 세월을 참아나간다는 말도 있는데 이곳 신부는 늙어 결혼 날을 뒤돌아보면 무슨 생각에 젖을까. 타국에서 느끼는 실없는 생각이 웃음을 짓게 한다.

전문가의 말에 의하면 비애의 눈물과 기쁨의 눈물은 맛이 다르다고 한다. 신부가 우는 눈물의 맛은 어떤 맛일까 부질없는 생각이지만 나는 이들의 특별한 생활 풍습이 신기하고 놀라워 아세아에서 최고인 유네스코 문화유산이라는 황룡석굴을 보는 경이로움도 이보다 더하지는 않았다.

그들은 눈물의 불공佛供은 내가 갈망하는 모든 것이라는 말을 이미 터득한 철학자임을 한국에 돌아와서 알게 되었다. 신부가 흘린 눈물은 절망에서가 아니라 자기가 흘린 눈물에 의해 행복하다는 것을 느끼게 하는 역설이었던 것이다.

선한 눈물은 사랑과 이별 미움과 그리움 생과 사 노여움과 즐거움 욕심과 불평과 억울함, 오랫동안 마음속에 잠들고 있었던 정신적 존재의 각성을 기뻐하는 눈물이며 귀중한 자기 존재가치를 성숙시키는 눈물이었다. 여인의 눈물은 천금을 주고도 못 사는 보석 같은 것이라는 말도 있지 않은가. 오랫동안 울고 나면 삶의 의욕을 얻게 된다는 역설을 그들은 선조 때부터 풍습으로 이어 온 것이다.

강물

달빛 쏟아지는 언덕에 서니 강물이 발 아래로 흐른다. 달빛을 받은 강물은 고기비늘 같은 물결을 살랑거리며 흘러간다. 물은 생명에 필요한 것이 아니라 생명 그 자체라고 하지만, 나는 물의 마음을 듣고 싶다. 땅이 굽으면 굽은 대로 굽이치고, 흙더미를 만나면 멈칫거리다 어르고 달래며 보듬어 안고 돌아 흐르는 물, 몇 천만 년 동안 말을 하지만 듣는 이 없다고 격하거나 원망하지 않고 낮은 데로 흘러 끊임이 없다. 계곡에서, 실개천에서 옹달샘에서 흐른 물은 에고(ego)를 버리고 마침내 대양大洋에서 만나 하나가 된다. 물은 긴긴 투병을 이겨낸 성자의 모습이다. 깊은 밤 홀로 깨어 흐르는 별빛을 따라 하늘과 소통하고 있는 것은 아닐까. 강물은 시궁창에서 왔거나 하수구에서 왔다고 해도 어디서 왔느냐고 묻지 않는다. 그러다 수

증기가 되어 비로 환생하는 물은 시공을 넘나들며 영겁으로 윤회를 거듭한다. 내가 가슴을 열고 강물을 바라보고 있으면 시인이 아니어도 시가 쓰고 싶어진다.

백 년도 못 사는 세상, 마음을 비우고 세상을 멀리하고 살고 싶지만, 그것은 허세일 뿐, 마음은 멀고 생활만 내 곁에 있다. 마음 밭의 미움과 증오를 저 흐르는 강물에 흩뿌리고 강물처럼 살 수는 없는 것일까? 시든 낙엽 병든 꽃잎을 한 움큼 마음 골에서 빼어 강물에 던지면 잔잔한 환희가 밀려 올 것만 같다. 아포리네르는, '미라보 다리 아래 쎄에느 강은 흐르고…'하며 사랑을 노래했지만, 내 마음속을 드나드는 수많은 상념 속에는 불편함, 부족함, 불안함이 흐른다. 문득 나는 사소하고 하잘 것 없는 것들에 얽매어 삶이 고통스럽다 했던 일들이 강물 앞에서 부끄러워진다.

1960년대 로스엔젤스에서 열렸던 무술대회에서 태권도의 고수인 이준구 씨와 쿵후의 고수인 이소룡이 시범 대련을 한 적이 있었다. 둘은 아시아권의 사람이라 마음이 통해 너의 무술 철학이 무엇이냐고 이준구 씨가 물으니 상선약수上善若水라고 대답하였다. 도덕경에 나오는 말로, 최고의 선은 물과 같다는 말이다. 이소룡은 자신의 삶을 물과 같이 살고 싶었다는 말일 것이다. 욕망을 벗은 후에야 가벼워진다는 수도자의 자세를 이소룡은 알았다.

그렇다고 강물은 한 없이 인내만 하는 것은 아니다. 불이

쓸고 간 자리는 흔적이 있어도 물이 훑고 간 자리는 흔적도 없다고 하지 않는가. 공자는 물을 감상하는 데는 물의 파장을 보아야 한다고 말하였다. 관수유술觀水有術 —물의 파장을 보고 있으면 물처럼 연하고 부드러운 것이 없으나 딱딱한 것과 부딪치면 강철보다 강함을 곧 알게 된다. 비바람 몰아치는 날이면 강물은 온몸으로 운다. 마음이 통하지 않는다고, 신은 죽었다고, 거짓이 아니라 진실하라고, 얼어붙어 온기조차 없는 인간들의 군상은 오행의 법칙(토극수土克水 토가 수를 이긴다.)을 잊었느냐고 몸짓하지만, 듣지 못할 뿐이다.

백두산 정상에 있는 천지연은 영성의 가르침을 인간에게 보여 주는 신의 존재가 아니었던가? 세례 요한이 세례식을 행한 것은 거듭남의 의미였으리라. 새벽 장독대에 정화수를 떠 놓고 빌던 어머니의 간절한 기도는 절대자에 대한 영성靈性이었으리라.

나는 버스로 북한을 방문한 일이 있었다. 동족끼리 총을 겨눈 전란의 아픔이 끝난 지 58년, 고향은 있으되 찾아 갈 수 없는 곳이었던 분단의 동토에 발을 디딜 수 있다는 것은 얼마나 감격스러운 일었던가. 하지만, 38선을 넘자 완장을 차고 버스에 올라 일행을 훑어보는 북측 경비원의 눈빛에서 화해의 길은 멀어만 보였다. 배정 받은 방에 짐을 풀고 나왔으나 지정된 방갈로 밖에서는 민간인과의 접촉이 금지되어 있었다. 높이 쳐진 담장을 이리 저리 틈 사이로 내다보았지만, 민간인의 움직임은 볼 수도 들을 수도 없었다. 체념을 하고 돌아서는데 명치끝이 시리다. 왜 마음 놓고 서로를 부둥켜안는 물처럼 유연한 만남은 이루어질 수 없는 것인가.

하룻밤을 지내고 오늘은 금강산을 오르기로 한 날이다. 말없이 일행을 따라 구룡대에 오르다 내려다 본 파란 물빛은 크고 작은 소沼를 만들어 마치 구슬을 꿴 것처럼 굴곡을 이루며 아홉 구비를 돌아 고이고 흘렀다. 청정한 물빛은 티끌 하나 찾아 볼 수 없었고 그 곳엔 문명도 상처 입은 이산의 아픔이나 탄식조차 섞일 자리가 없어 보였다. 두 상반된 이데올로기가 물을 닮을 수는 없는 것인가. 눈을 감고 흐르는 물의 파장을 듣고 있으니 환청 같은 소리가 들린다. 미국도 섬겨야 하고 소련도 받들어야 하는 운명이지만, '너희는 서로가 옹졸한 탓이다, 옹졸한 탓이다.' 라는 말이 들렸다가 아득히 사라진다. 남북으로 갈라진 전란의 상처가 흘러간다.

임진강을 뒤로하고 집으로 돌아오는 길, 저 강물은 한강과 합수되어 남으로 남으로 흘러갈 것이다. 물길을 따라 차창 밖으로 바라보고 있으니 어두웠던 시대의 그림자는 사라지고 태양 아래 파란 하늘이 임진강물 위에 내려앉아 춤을 춘다.

멀리서 백로가 물 위를 한가롭게 저공으로 날아오른다. 그 모습이 평화롭다.

나는 두 밤을 물 위에서 고향을 보고 돌아왔다. 우리는 영원히 물처럼 합일될 수 없는 것인가.

4부

술

여자라고 해서 술을 먹어 보지 않았다면 그것은 거짓말일 것만 같다. 그러나 '술' 하면 역시 남자를 먼저 떠올리게 되는 것만은 어쩔 수가 없다. 눈물에 술이 따르고 웃음에 술이 따른다면 당연히 눈물이 많은 여자가 마셔야 할 일인데도 그렇지가 않은 것이다. 세상 이치가 대개 이론과는 다르듯이 술을 마시는 주체도 주객이 바뀐 느낌이 든다.

나는 지금 술이 누구의 것이어야 한다는 말을 하려고 하는 것은 아니다. 성인이라면 누구나 즐길 수 있는 음식이라고 말하고 싶을 따름이다. 술은 천록天祿 향사享祀 기복祈福 부쇠扶衰 양로養老 등의 음식이다. 누구나 다 아는 것이지만, 알맞게 마시면 흥을 돋워 주고 자율신경을 자극하여 잊었던 기억을 되찾게 할 뿐 아니라 창의력을 북돋우기도 한다. 좋은 술자리에는 삶의 너그러움과 화합의 일체감이 있다. 그러므로 교제에 술이 빠질 수 없다. 문맹文盲 시대에도 '엄마 · 아빠'라는 말이 세계 공통어가 되었듯이, 술을 만드는 과정에도 공통점이 있는 것을 보면 술은 사람에게 필요한 절대자의 선물이 아닌가 한다.

그러나 범죄의 배후에 여자가 있듯, 사건의 배후엔 술이 따른다. 그런데도 비행기 안에서 금연석은 있어도 금주석이 없는 것을 보면 애연가보다는 애주가가 대접을 받는 것 같다. 공자는 술을 사양하지 않고 마셨다. 하지만, 난亂의 정도에까지는 미치지 않게 하였다고 한다. 이백의 명시 〈청평조淸平調〉 3수도 현종과 양귀비가 초대한 모란연에서 취중에 지었다 하지 않는가. 술에 취해 시성詩聖이 되었던 이백에게는 술이 동반자였는지도 모른다.

중국에는 여아홍女兒紅이라는 술이 있다. 중국을 알려면 이 술을 먼저 마셔 보아야 한다는 말도 있다. 전해들은 말로는 딸을 낳으면 큰 항아리에 술을 빚어 땅에 묻었다가 그 아이가 혼례를 치르게 되면 그 술로 잔치를 베푼다고 하였다.

나는 아버지 안 계신 어린 시절을 슬퍼하거나 외롭다고 느끼며 자라지는 않았다. 장수하셨다면 지금도 살아 계실 연세인데, 얼굴을 보지 못했으니 추억이 있을 리 없었고, 철들어 이별하지 않았으니 애틋한 슬픔도 없었다. 그러나 동무들이 술 취한 아버지가 어찌어찌 했다는 이야기를 들을 때면 고주망태 같은 아버지라도 있기만 했으면 하는 생각을 했었다.

박씨 성을 가진 사람치고 술 못 마시는 사람이 없다는 말도 있다. 체질적으로 받는 것이라면 성씨가 무슨 상관이 있겠는가. 술도 음식이니 남녀를 불문하고 알맞게 마셔서 인생을 즐겁게 살면 되는 일이다. 가령 술집 카운터에서 다리를 꼬고 한 손에는 담배를, 또 한 손에는 술잔을 든 여자가 혀 꼬부라진 소리로 자기의 인생을 한탄했다고 치자. 자신의 삶을 바로잡으려는 여자의 몸부림이라면 그것을 나무랄 일은 못 된다. 그러나 선조들은 성년이 되면 첫 술은 어른 앞에서 배웠다. 우리의 술 풍습은 역사 드라마에서 보듯이 옷깃을 여미고, 받은 술을 고개를 돌리고 마셨다. 제 돈 주고 마시는 술인데 다리를 꼬든 소맷자락을 걷어붙이든 무슨 상관일까 마는 남에게 피해를 주는 것이 문제다.

내 집 일을 도와주던 아주머니가 있었다. 그녀는 늘 근심에 싸여 넋을 잃고 멍하니 하늘을 보는 일이 잦더니 어느 날 술을 마시고 마음을 열었다.

남편은 알코올 중독자였다. 평소에는 양처럼 온순하다가도 술만 들어가면 술이 술을 마신다고 하였다. 집기를 부수고 폭력을 가하고 나서 술이 깨면 만신창이가 된 아내에게 누가 그랬느냐고 묻는다는 것이다. 입버릇처럼 이번이 마지막이라고 하지만 믿을 수 없고 나이가 들어 이제는 매 맞은 후유증만 남았다며 진즉에 헤어지지 못한 것을 후회하였다.

안 마셔도 생활에 지장이 없는 술, 사람의 생사고락을 이런 술에 의지하여 풀어야 하는 것이라면 사람의 의지는 그처럼 나약할 수가 없다.

나는 결혼 초, 불면 날아갈 듯한 몸으로 병원을 찾는 일이 일과였었다. 위장병에다 저혈압 증세까지 겹쳐 있었다. 의사는 그런 내가 딱하게 보였던지 약을 끊고 술을 먹어 보라고 했다. 이제 생각하니 신경성 질환으로 보고 스스로 고쳐 보라는 말인 것 같다. 술은 자의든 타의든 그럴 듯한 핑계가 있어야 맛이 난다. 병을 고치려고 마시는 술에 멋이 있을 수 없고 흥이 날 리 없다. 그러니 내가 마신 술은 약보다도 쓴 것이었다. 조금 마신 술인데도 하늘이 돌고 땅이 꺼지는 듯했다. 그래서 사람들은 술을 마시면 세상이 돈짝만 하다고 했던 모양이다.

싫은 일도 오래 하다 보면 좋아지듯 요즈음 기름진 음식을 보면 내 손으로 술을 찾을 때가 있다. 식구들이 먹다 남은 반찬을 큰 접시에 담고 혼자 식탁에 앉아 마시는 때가 있다. 술맛을 조금 알 듯해지니 사는 것이 무엇인가도 조금 아는 듯해져 간다.

아이엠 쏘리

'인사해서 뺨맞는 법 없다.'하시던 할아버지 말씀을 들으며 우리는 두루마기 입은 노인만 보아도 두 손을 모으고 인사를 했었다.

어쩌다 첫 손님으로 백화점을 가게 되면 사열식을 하듯이 예쁜 아가씨들의 인사를 받게 된다. 고마운 마음보다 인사 받을 사람이 아닌 것 같아 송구스럽고 쑥스러워 발이 잘 떨어지지 않았다. 인사란 하는 사람이나 받는 사람의 마음이 오가야 하는데 정을 담고 하는 인사를 받기란 쉽지 않은 요즘이다. 로봇이 사람을 대신해 인사하는 TV화면을 지켜보면서 신기하다는 느낌을 받았지만 고맙다는 생각은 들지 않았다. 앞으로 로봇이 인사하는 세상이 온다니 섬뜩한 생각마저 든다. 이상은 소설 날개에서 "나는 아내 이외에 누구와도 인사하고 싶지 않았다." 라고 했다. 마음에 없는 인사는 받고 싶지 않다는 말이었을 것이다.

만남과 헤어짐의 인사에 기쁨과 슬픔이 어찌 없을까만 한때 우리의 인사말은 '밥 먹었느냐'였다. 배고팠던 시절의 인사이니 당연하다는 생각도 들지만, 그런 인사말을 되새겨 보면 어머니가 생각난다. 친정에 다녀올 때면 어머니는 언덕 위에서 오롯이 서서 "끼니 거르지 말거레이."하는 말을 잊지 않았다.

나라가 다르다고 고난의 역사가 없을 리 없을 텐데 해학이 담긴 다른 나라의 인사와 우리의 인사말을 견주어 보면 명치끝이 아리다.

아프리카인은 '스커트와 돈과 부동산을…'하며 애정 어린 표정으로 헤어지고, 페르시아인은 '알라신의 은혜로 당신의 코에 살이 찌기를…', 타타르인은 '당신의 침대가 아이들로 충만하고 당신은 감기에 걸리지 않기를…', 이라크인은 '당신이 열 두 명의 아기를 갖기를…', 베레개인은 '당신은 길고 살찐 아내를 얻도록…'하는 말이 작별 인사라고 한다. 이별과 만남에 슬픔과 기쁨이 없을까만, 이별에 해학이 담겨 있어 재미있다.

유년시절 어른들 앞에서 나오는 웃음을 참느라 힘든 때도 많았다. 굴러가는 낙엽만 보아도 웃던 시절을 되돌릴 수만 있다면 종일 웃고 싶다. 웃고 싶어도 웃을 일이 없는 것은 살아도 사는 것이 아닐 것이다. 그래서일까. 이즈막엔 많이 웃을수록 건강에 좋으니 때와 장소를 가리지 말고 웃으라고 웃음의 전문가는 말한다.

미안하다는 말도 그 중의 하나여서 하면 할수록 이득이 된다. 인사가 첫 인상이라면 사과는 인격이 아닐까. 물건 사는 일에 무슨 인격이 따를까만, 물건을 살 때도 값을 묻기 전 '미안하지만 이 값은 얼맙니까.' 하고 물어보면 주인의 얼굴이 부드러워지면서 값을 깎지 않아도 먼저 조금만 이익을 붙이고 준다. 돌이켜보면 미안하다는 말 한마디를 아끼다 너무 많은 시간을 편치 않게 살아왔다는 생각이 든다. 시간을 되돌릴 수만 있다면, 미안하다는 말을 입에 달고 살고 싶다. 하지만 미안하다는 말 때문에 상처를 받았다면 그것은 상식 밖의 일일 것이다. 그것도 본국이 아닌 외국에서 받은 상처였기에 잊을 수가 없다.

유학 간 자식을 돌봐주러 오스트리아 빈에 갔을 때였다. 거의 단선으로 된 그 나라 지하철은 글을 몰라도 타고 내리기가 쉬웠다. 나는 학교에서 딸이 돌아오기 전 읽고 싶은 책을 들고 도나우 강가에 앉아 책을 보는 호사를 누리고 싶어 집을 나섰다. 그런데 지하철역 창구에서 표를 파는 낯선 외국인 얼굴과 마주하자 두려운 마음이 들며 딸이 해주던 말이 생각났다. 이 나라에서는 일일이 차표를 검사하지 않아 표를 사지 않고 타는 사람이 더러 있는데 그런 사람들은 주로 선진국에서 온 사람들이 아니라고 하였다. 돈을 내지 않고 지하철을 타면 언젠가는 잡히게 되는데 해당 요금 몇 배의 벌금을 물어야 한다는 것이었다. 벌금이야 어쨌든 외국에서 불법을 한다는 것은 나 하나의 문제가 아니지 않은가.

표를 사고 나와 아무리 두리번거려도 표를 찍어 주는 검사대가 보이지 않았다. 때마침 도착한 전철 소리가 들려 마음은 급하고 더 생각할 여유 없이 지하철을 탔다.

편안한 마음으로 김소운의 ≪나 자신과의 약속≫을 펼치고 독서 삼매(?)에 빠졌다. 언제 읽어도 선생의 글은 나의 마음을 끌어당긴다. 글에 취해 나는 그만 내려야 할 곳을 잊고 지나쳤다. 두 정거를 되돌아오는 지하철을 거슬러 다시 탔다. 책 읽기에 좋은 자리를 택하고 기분 좋게 앉아 다시 책을 펴려는데 갑자기 문이 덜컥 닫히더니 검은 정복차림의 남자 넷이 윗간에서부터 표를 검사하며 내려오고 있었다. 나는 그들과는 상관없다고 생각하고 읽던 페이지를 뒤적이고 있었다. 어깨를 톡톡 치는 사람이 있어 올려다보니 검사관이 내리라는 손짓을 하는 것이 아닌가. 손바닥에 올려놓고 산 표를 보였지만, 무슨 소리인지 도무지 알 수가 없었다. 그나마 영어라면 한두 마디씩 끼워 맞추기라도 하겠는데 빈은 독일어권이라 우이독경이다. 사람에 따라 상대를 보는 시각은 달라지는 것인지 나를 둘러싼 네 명 중, 키가 작은 남자는 이해하겠다는 뜻으로 미소를 짓고 있었다. 그런데 곁에 있던 키 큰 남자는 완강한 태도로 수갑을 채우는 시늉을 했다. 순간 머릿속을 스치는 생각이 있었다. 종점에서 선로를 바꿔 탔으니 다시 표를 사야하는 것을 사지 않은 것이 잘못이었구나…. 생각이 여기에 미치자 생각

할 겨를도 없이 습관대로 입에서 튀어나오는 것이

"아이 엠 쏘리." 였다.

내 말이 떨어지자마자 갑자기 지금까지 미소를 짓던 그 남자까지도 태도가 달라지면서 완강하게 나를 그들의 사무실로 가자는 것이다. 그들의 말이 옳음을 인정하고 내 잘못을 확인시킨 꼴이 되었다. 어쨌거나 나는 이 나라 교통법규를 몰랐다는 두려움과 이 곳에서 빨리 벗어나고 싶은 압박감에 벌금을 내고 나왔다.

그날, 교민에게 자초지종을 이야기 하였더니 미안하다는 말을 하지 말았어야 한다는 것이다. 내가 산 표는 세 시간을 무료로 탈 수 있는 표였고 표를 샀으면 도장을 찍는 출구로 나왔어야 했다는 것이다. 순간, 나 자신이 그토록 부끄러울 수가 없었다. 울분이라고 할까? 무지에 대한 자책감이라고 할까, 당장 그 나라를 떠나고 싶었다.

어쭙잖은 영어로 "아이 엠 쏘리." 한 번 분명하게 쓰다가 잊기 어려운 상처를 받았다면, 배불러 하는 소리라고 할 것이지만 내게는 그냥 해보는 소리가 아니라 뼈아픈 상처였다. 미안하다는 말을 하고 살자던 내 삶이 무너져 내리는 순간, 차라리 그 때 '노' 하며 어떻게든 끝까지 밝혔어야 했다.

싫다는 말도 좋다는 말도 미안하다는 말도 제대로 할 줄 모르고 어정쩡하게 살아온 나의 삶이 측은하기만 하다.

길

세 살 버릇 여든까지라는 말도 있지만, 환경에 따라 사람의 버릇도 무시로 변하는 모양이다. 젊어서는 혼자라는 것에 대한 외로움이 두렵기만 하더니, 이제는 여럿보다는 혼자가 좋고 번잡보다는 호젓한 것이 더 좋아진다. 정신과 의사는 이런 증세를 우울증 초기라고 하는 모양인데, 풀기 없이 늙어 가는 심경의 변화야 당연한 일일지도 모른다. 어차피 혼자되는 종착역이라면 미리 마음의 준비를 해 두는 것도 나쁘지 않을 듯하다. 외국여행은 아니더라도 팔도강산 이곳저곳을 마음 맞는 친구와 노숙이라도 할 각오로 집을 떠나고 싶을 때가 있다. 하지만 너나없이 바쁜 요즈음 불쑥 솟구치는 나의 감상을 이해해 줄 리는 없고, 떠난다고 해도 내 재미가 곧 상대방의 재미가 될 수는 없는 것이 아닌가. 어려서 길을 잃으면, 손바닥에 침을 뱉아 놓고 손가락으로 탁 쳐서 많이 튀는 쪽을 택했다. 바다나 하늘에도 길이 있고 짐승들도 그들만이 다니는 길이 있다는데, 전국 방방곡곡이 길의 연결이고 보면 초행길이라고 해서 길을 잃을 까닭도 없다는 생각이 든다. 반듯하게 잘 구획된 도시의 길은 보기에도 시원스럽고 좋지만, 구부러지고 휘어진 오솔길이 더 좋을 때가 있다. 직선으로 끝없이 뚫린 길은 지성과 이성으로 세상을 살아온 사람의 길일 것 같고, 아스라이 끝이 사라진 오솔길은 현실에서 비켜선 사람까지도 포용할 것 같아 더욱 정감이 간다.

나는 오늘 그런 길을 택해 산행에 나섰다. 어깨를 부딪치며 가고 오는 사람들의 심중이 나와 같을 리는 없겠으나, 길을 나선 동기가 산이 좋아서라는 점은 같을 것 같다. 서울을 벗어나 신도시에서 30분 거리, 길 양쪽에 핀 들꽃이 사람을 반기는 작은 산언덕에 앉아 본다.

파란 하늘엔 뭉게구름이 흐르고 빗겨 보이는 건너 산 위로 낮달이 걸려 있다. 이제는 그림에서나 볼 수 있는, 산 밑에 초가 마을이 있고 비 오는 날이면 산마루에 물안개가 띠를 두르던 그런 시골 풍경은 아니라도 좋다. 멀리 보이는 집들이 새롭게 단장한 건물과 양옥집 사이로 섞이어 신세대와 구세대의 조화를 이루어 살아가는 모습 같아 보기에 나쁘지 않다. 죽음에 이르게 되는 저 세상도 이런 모습이라면, 죽음을 그리 두려워할 일도 아닐 듯싶다. 생성과 소멸의 당연한 이치 앞에 죽음을 두려워하는 것은, 죽음에 대한 고통보다 죽음을 두려워하는 마음 때문이며, 죽음의 문전에서는 오히려 평온해진다고 한다. 지구상에 남은 마지막 식인종의 섬에서는, 노인들은 본인 스스로가 죽음을 택한다고 한다. 죽을 각오가 되면 늙은이는 나무에 오르고, 가족들은 나무 둘레를 돌며 노래를 부른다.

꽃도 피면 지고 열매도 익으면 땅에 떨어지나니, 사람의 목숨도 이와 같구나. 죽는 이를 위해 축복의 노래를 부른다. 죽음을 순리로 받아들이는 그들의 이야기를 들으며, 기이하다는 생각보다 숙연해짐을 느끼게 된다. 나이 50이 넘거든 하루에 한 번씩 하늘을 바라보라던 누군가의 말을 떠올려 보기도 하고, 아직 삶도 모르는데 죽음을 어찌 아느냐고 하던 공자의 말씀을 떠올려 보기도 한다.

멀리 보이는 사람의 움직임이 개미같이 작아 보인다. 그 속에 사는 사람들의 모습은 어떤 삶을 살아가고 있는 것일까? 훤히 트인 길로 가는 사람이 있는가 하면 구절양장(九折羊腸)으로 남다른 고통과 고뇌 속에 살아가는 사람이 있다. 사람은 저마다 사통오달四通五達의 길을 마음 내키는 대로 걷고 싶어하지만, 뜻대로 되지 않는 것이 인생길인 모양이다. 그동안 딸을 잃는 아픔도 있었고 아들의 길 또한 장애물이 있었고 보면, 결코 평탄하지만은 않은 길이었다.

성지에 도달할 수 있는 길은 사색과 모방 그리고 경험으로 얻는다고 한다. 사색의 길은 높은 이상의 길이며 모방의 길은 가장 쉬운 길이다. 그러나 내가 으뜸으로 여겼던 경험으로 얻어진 삶의 학습이라는 것이 가장 고통스러운 길이라니 알 수 없는 일이다. 돌아보면 남들보다 앞서 가려던 결과가 허망하게 생각될 때가 있다. 자식이 성장하여 부모의 삶을 닮고 싶어 한다면 그 부모는 성공적인 인생을 살았다고 한다는데, 나는 자식들이 어미를 어떻게 생각하고 있는지 잘 모른다. 작은아이는 결혼을 하라고 하면 어머니를 닮은 까다로운 여자를 만나게 될까 두렵다면서, 농담반 진담반 우스갯소리로 말하고는 자리를 뜬다. 그런 어미이지만, 자식을 키우는 일에 모든 꿈과 희망을 걸어 왔던 터이다. 어머니로부터 떨어져 스스로 서야 했을 때, 남편을 내 어머니가 내게 했듯이 그렇게 할 것이라 믿었었다. 그러나 그것은 현실이 아니었으며 남편을 기대하기 전 내가 책임져야 할 길이 있었다. 사유하지 않고 더 높이 뛰려던 결과는 실수와 회한만을 남기고 이제야 스스로의 능력을 인식하게 되었다고나 할까. 인생을 다시 시작할 수만 있다면, 저 아래 무심히 흐르는 구름을 보며 조금은 현실에서 벗어나 유유자적하며 살고 싶다.

그동안 내가 걸어온 풍상을 돌아본다. 드러내 놓고 말하기 어려운 가지가지의 사연들이 흉몽처럼 되살아난다. 살아온 길은 까마득하고 살아갈 길은 끝이 보이는데, 이 세상 떠난 뒤 오솔길 어느 한 모퉁이의 풀꽃으로 기억되었으면 좋겠다.

그것마저 욕심이라고 하는 듯 전선주에는 참새 두어 마리가 몸을 비비고 재재거리고 있다.

손녀 수행

딸아이가 교수를 만나기 위해 러시아 여행을 떠나기로 하였다. 관광이 아닌 개인적인 일로 떠나는 길이라 여러 면으로 부담이 가는 일인데 딸은 제 딸과 함께 떠나고 싶어 했다. 어린 것이 벌써 해외 나들이냐고 남편은 말렸으나 딸은 자식을 잘 키우려면 여행을 보내라는 말이 있다며 돈이 들더라도 여행에서 본 추억을 초등학교 입학 전 꼭 보여주고 싶다는 것이다. 아이 괄시는 하는 것이 아니라는 할머니의 말씀이 생각나 나는 아무 말을 하지 않고 있다가 그렇다면 나도 동행을 하겠다며 나섰다.

세 사람의 경비도 부담스러운 일이었지만, 소련은 이념이 다른 우리와 단절되었던 나라여서 공항에서부터 입국 절차가 까다롭다고 했다. 출국 전 머물게 될 집주소를 알아야 하고,

입국 후엔 관할 경찰서에 거주자 확인서를 제출해야한다는 등 떠나기 전부터 긴장감을 주었다. 호텔이 아닌 원불교 교단에서 아침과 저녁만 해결하기로 하고 짐을 챙기는 일이 일반 관광과는 다른 준비였다. 이것저것 챙겨 놓고 보니 옷보다 음식물이 더 많다. 비닐에 싸고 보자기에 싸는데 공항심사가 까다롭다는 말이 생각나 싸고 풀기를 반복하다가 음식물은 꺼내놓고 선물용 인삼차와 두툼한 겨울옷만 챙기다 보니 실속 없이 가방만 크다.

아홉 시간을 날아가 내린 모스크바 공항은 어둡고 스산했다. 하지만 회색빛 긴 대리석 기둥은 부강했던 역사의 흔적을 말없이 보여주고 있었다. 지은 죄도 없는데 긴 입국심사대기 줄에 서서 기다리려니 공연히 두려움이 앞섰다. 한 손은 여권을 들고 또 한 손은 손녀의 손을 잡고 섰는데 훤칠한 키에 60년대 영화배우 록허드슨을 닮은 직원 한 사람이 성큼 성큼 다가와 앞서 나가라고 정중하게 두 손을 옆으로 모아 앞줄을 가리켰다.

끝줄에서 앞줄로 나선 딸과 손녀는 심사관 앞에 서고 나는 노란 선에 지켜 서서 앉아 있는 검사관을 두려운 눈으로 바라보고 있었다. 투시라도 하려는 듯 안경을 벗어라, 모자를 벗어라, 지문을 찍어라 하고 딸아이에게 요구했다. 그 모습을 보던 손녀가 호기심에 발끝을 들고 폴짝 뛰었다. 그는 방금 전의 엄격했던 표정과는 다르게 헤식게 웃으며 몇 살이냐고 묻는 것 같더니 기분 좋게 여권에 도장을 쾅 찍어 주는 것이 아닌가.

계단을 내려와 짐을 찾고 다시 검사를 받기 위해 줄을 섰다. 앞사람의 가방은 이 잡듯이 털어보고 쏟아 보는데 우리를 본 직원이 어서 나가라고 출구까지 알려주는 것이다. 이럴 줄 알았다면 김치와 고추장은 가져 왔어야 했다는 후회가 따랐다.

마중 나온 박 사장에게 선입견과 다르게 이곳 사람들이 친절하다고 하였더니 "아이 덕을 톡톡히 보신 것입니다. 이곳은 노인보다 어린이를 우선으로 생각하는 나라입니다. 아이와 함께 올 때는 줄을 서지 말고 맨 앞자리에 서십시오." 하는 것이다. 아이는 어른의 아버지라는 말의 진정한 의미를 알 듯한 나라였다.

원불교에서 묵는 일이 종교적 이질감 때문에 불편하면 어쩌나 하는 걱정이 앞섰으나 그것은 부질없는 기우였다. 교무님은 식사 때면 '잘 먹겠습니다.'라는 말 한 마디뿐 신앙적인 이야기는 의식적으로 피하는 것 같았다. 일주일이 지났지만, 교리에 관한 이야기를 한 번도 내게 말하지 않아 긴장감을 풀어주었다.

묵고 있는 방에서 식당을 가려면 24개의 계단을 오르고 내려가야 하는데 법당을 지나가면 바로 식당에 닿을 수 있는 건물구조였다. 내가 조심성 있게 손녀의 손을 잡고 한 계단씩 오르고 내리는 것을 본 교무님은 편하게 지내라며 법당을 가로질러 가도 무방하다고 일러 주는 것이다. 부처님은 아이들을 우선으로 하기 때문에 아이가 원하는 것은 예의를 차리지 않아도 괜찮다는 말이었다. 그날은 저녁을 먹기 위해 정해진 시간보다 5분 일찍 도착하였다. 컴퓨터를 하고 있던 교무님이 자리에서 일어나며 손녀를 덥석 안아 무릎에 앉혔다. 손녀가 마음이 편했던지 교무님이 묻는 말에 동문서답이다. 그 모습을 바라보며 나는 교무님이 성직자가 아닌 자애로운 어머니의 모습으로 보였다.

오늘은 딸아이가 교수를 만나러 가는 날이다. 딸은 교수실에 들어가고 나는 손녀와 함께 아래층 로비에 앉아 시간을 보내고 있는데, '혜진아' 하고 누군가를 부르는 소리가 러시아말 속에 석여 또렷이 들렸다. 한국인일시 분명한 어머니가 앞서 가려는 딸을 부르는 소리였다. 한국 어머니의 치맛바람이 이곳에까지 불어왔구나 하였다. 예의를 갖춰 물어보니 딸이 예능학교에 입학한 지 일 년이 되었고 굳이 모스크바로 유학 온 것은 기초를 중요시하는 교육 때문이라고 했다. 특히 예능은 학년이 낮을수록 실력 있는 선생님이 맡아서 지도해 주는 것이 좋다고 하였다. 공부를 잘하는 학생은 돈 한 푼 내지 않을 뿐더러 용돈까지 받으며 공부를 할 수 있으며 등록금은 성적 순위에 따라 부과된다고도 하였다. 일찍부터 공부가 경제와 직결 된다면 이 나라 학생들도 학업 때문에 겪을 고통이 쉽지 않을 것이라는 생각이 든다.

모스크바에서 맞는 초여름의 아침은 조금 싸늘하다. 스웨터를 걸치고 손녀와 함께 붉은 광장을 가기 위해 나섰다. 출근시간을 빗겨 나왔는데도 사람들의 발걸음이 어찌나 빠르고 힘찬지 전쟁터를 나가는 무사 같다고나 할까? 보폭이 큰데다 발걸음이 힘차서 짧은 다리로는 달려가도 앞사람을 따를 수가 없었다. 나들이가 바쁠 것도 없는데 아이를 재촉하며 어디로 가는지도 모르게 군중을 따라가고 있는 나를 깨닫고 멈춰 섰다. 행선지를 알리는 표지판이 눈에 들어왔지만, 아는 글이 없다. 한 젊은 청년에게 서툰 영어로 크레믈린 광장을 물으니 턱을 왼쪽방향으로 가리키며 무표정하다. 등록금을 많이 내는 학생일까? 몇 걸음을 가다가 뒤돌아보니 청년은 연민의 정으로 우리를 바라보고 있었다. 청년은 이 나라 국민성을 대변하는 듯했다.

지하철을 타려고 계단을 내려가는데 마침 전동차가 들어왔다. 아이의 손을 잡고 타려는 순간, 곁에 있던 한 청년이 앞을 막으며 위험하니 타지 말라는 몸짓을 하였다. 그의 표정을 보고 있는데 지하철 문이 순식간에 닫히는 것이 아닌가. 2분마다 연이어 도착하는 지하철은 차체도 육중하지만 닫히고 열리는 소리만으로도 위압감을 주었다. 청년의 말대로 타고 내리는 사람들의 동작도 빨라 상식 없이 지하철을 타는 것은 위험한 일이었다.

비좁은 입구를 들어서자 노인석 앞이었다. 70은 돼 보이는 노인이 우리를 보자 자리에서 일어나며 손녀에게 앉으라고 손짓을 하였다. 앉지 않겠다는 손녀를 굳이 앉히려고 애쓰는 노인이 고마워 내가 그렇게 하라고 하였지만, 경로석에는 앉는 것이 아니라고 가르쳤던 손녀는 고개를 가로 저으며 사양을 한다. 노인은 그렇다면 아이를 안고 내가 앉으라며 굳이 앉히려고 하였다. 노인의 따뜻한 배려는 동서양이 다를 것 없다는 생각이 들었지만, 노인을 숭상하는 우리의 문화와 너무 달라 그의 배려가 쑥스럽게만 느껴진다. 어린이가 서 있으면 노인이라도 자리를 양보해야한다는 것이 이 나라의 문화였던 것이다.

구름 낀 우중충한 날씨 속에 크레믈린 광장은 생각보다 넓지 않았다. 붉은 광장을 지나 정면으로 보이는 우뚝 선 바실리 성당은 회색 빛 하늘 때문인지 오색이 선명하다. 갈색과 초록의 원색을 피해 이중 색으로 칠한 건물은 비잔틴 양식으로 아홉 개의 탑이 서로 대칭 되지 않게 서 있고 양파를 잘라 놓은 듯한 지붕은 보는 이로 하여금 환상의 나래를 펴게 만든다.

이반 4세는 악명 높은 왕으로 러시아의 독립을 기념하기 위해 이태리의 건축가 바르마와 보스또니끄(1555~1560) 로 하여금 5년에 걸쳐 완공토록 하였다. 너무도 아름다운 건물이 완공되자 이반은 이웃 나라에서 모방할 것이 두려워 건축가의 눈을 뽑았다는 구설이 전해 내려온다는 말이 있다. 이 나라의 역사의 곡절이야 알 수 없지만, 나는 이반의 건축물 앞에서 손녀가 형벌이 아닌 상상의 나래를 펼쳐주기를 바랐다.

사마천은 어려서부터 여행을 함으로 회강의 파도를 보았고 전지의 회고를 봄으로써 자기 문장으로 옮겼다고 한다. 먼 훗날 러시아를 방문했던 손녀의 기억은 어떤 추억으로 남게 될까?

요동 반도는 우리의 땅이었다

8박 9일의 여정으로 충이회 회원 24명은 여행이 답사를 목적으로 연암(박지원)의 발자취를 찾아 중국 요동성 대련비행장에 내렸다. 227년 전, 조선의 사절단은 청나라 건륭황제의 고희 축하를 위해 5월 25일 한양에서 임금님께 하직 인사를 드리고 6월 24일 압록강을 건넜다. 연암 일행이 악전고투 끝에 닿은 29일간의 여정을 우리는 비행기로 3시간만에 도착하고 보니 타임머신을 타고 도킹장에 내린 듯하다.

호텔에 여장을 풀고 커튼을 젖히자 멀게만 느껴지던 압록강 이북이 지호지간에 있는 것이 아닌가. 이념의 차이는 물과 기름처럼 융합하지 못하고 민족을 갈라놓은 지 59년이 되었다. 어둠 속에서 희뿌옇게 발하고 있는 북한 초소의 불빛은 반딧불처럼 켜졌다가 꺼지고 꺼졌다가는 켜지지만, 사람의 그림자는 보이지 않는다. 30촉 전등인 듯, 민가의 불빛은 어린 시절, 청진에서 보낸 추억을 되살아나게 한다. 때때옷 입는 날만 꺼내 신어야 하는 꽃무늬 비단 신을 어머니 몰래 꺼내 신고 순자와 개울에서 까닥거리며 놀다 놓쳐서 떠내려가는 신발을 따라 울며불며 부두까지 가던 추억, 이제는 그 추억도 아스라이 기억에서 사라져 간다.

역사는 무엇이며 추억은 무엇인가. 한국 전란으로 끊어진 다리임을 중국은 역사에 남기고 싶어서 6 · 25당시 미군 폭격기 B29가 남긴 흔적이라는 설명문과 함께 단교라는 이름으로 반만 잘린 다리를 옛 모습 그대로 두었다. 이국 땅 도착의 기쁨은 모든 것을 아름답고 신기하게 만드는데 별빛 없는 밤, 사진은 웃고 찍었지만, 카메라가 웃음 뒤에 오는 서글픔까지는 담지 못한다. 부질없는 생각인 줄 알면서 이 땅이 우리의 땅이라면 한민족이 갈라설 비극도 없지 않았을까, 영혼이 있다면 연암은 천지간에 있을 수 없는 혈육의 이산을 어떤 말로 우리에게 전할까? 고조선 때부터 이곳 요동은 우리의 땅이었다. 발해는 고구려를 계승했고 광개토대왕 14년(404) 역사의 기록은 만주 땅, 요동일대는 우리의 땅임을 분명하게 밝히는데 현실은 주인의 흔적을 지우고 요동성의 성담조차 없애고 있다.

요양의 탈환은 전체 전쟁의 승패를 좌우했던 싸움터였다. 당 태종은 요동성을 빼앗기 위해 성보다 높이 흙산을 쌓아 성을 점령하려 했으나 흙산이 완성되기 전에 우리가 먼저 탈환했던 역사의 기록은 요동성을 차지하려는 양국의 피비린내 나는 싸움이 얼마나 치열했는지를 말해 준다. 연나라 왕이 직접 대군을 이끌고 빼앗으려 했어도 뜻을 이루지 못했던 요동성, 수 양제가 200만 대군을 이끌고 쳐들어 왔어도 함락시키지 못한 곳이 요동성이다. 고려의 공민왕은 10년 동안 인질로 지내다 고려에 돌아와 요동을 찾으려 20년 동안 은밀한 북벌 정책을 준비하며 백성들에게까지 무기 다루는 법을 가르친 끝에 요동을 찾았다. 그러나 왕의 정신적 타락은 찾은 땅을 다시 빼앗기는 비운을 남기고 국운이 다해 원나라에게 내주었다.

사람은 바뀌어도 땅은 그대로 있는 요동벌판을 사람들은 씨줄과 날줄로 재단하고 있다. 선조가 무릎을 꿇고 군신의 관계로 조공을 바치기 위해 무수히 다녔을 요동 벌판, 빼앗긴 나라를 되찾을 수는 없었던 것인가? 역사를 되돌릴 수만 있다면 나는 기꺼이 그 시절 아낙으로 돌아가 호미를 들고 요동의 아낙이 되어 씨 뿌리고 밭을 가는 촌로가 되고 싶다.

1641년 강제로 끌려간 봉림대군은 요동벌판에 동남풍이 불어오면 고국을 그리며 북벌의 의지를 다짐했다고 한다. 을지문덕 장군의 살수대첩, 양만춘 장군과, 연개소문의 승전고는 듣고 또 들어도 듣고 싶은 이야기지만 두 나라의 죽은 영혼이 얼마였을까.

명나라를 섬기려는 사대주의와 청을 이해하려는 근대적 사고를 가진 연암의 문장 속에는 언제나 부드러우면서 패러독스가 수반된다. 거침없는 위트와 해학은 어쩌면 이 땅의 역사적 기록 앞에 암울한 심정을 해학으로 받아들이려는 역설적 표현은 아니었을까?

바람 한 점 없는 청명한 날, 아득히 펼쳐진 요동벌판엔 푸른 밀밭이 끝없이 이어지고 갓길에 아카시아 나무에 흰 꽃과 붉은 꽃이 피어 있다. 어떤 꽃은 흰색과 붉은색을 함께 지니고 핀 것도 있다. 아카시아 꽃은 흰색만 있는 것으로 알았는데 내 생전 붉은 아카시아 꽃은 본 일이 없다. 줄기에 여러 꽃을 매달아 요염한 꽃과는 거리가 먼 이 꽃을 보고 나는 왜 이곳 요동에서 마음을 빼앗기는 것일까? 혹시 죽은 자의 영혼이 붉은 아카시아 꽃으로 피어난 것은 아닐까 하는 생각이 들자 만감이 서린다. 의무려산 입구에서도 각산사 입구에서도 지천으로 보게 되는 붉은 아카시아 꽃이 눈에 밟히는 것은 나만이 아닐듯한데 꽃을 보는 마음은 서로 다르다. 요동은 죽은 자의 원한이 깃든 땅, 주인이 누구이든 무심한 꽃잎은 바람에 향기를 보내고 있다. 지금까지 눈으로 보았던 아카시아 꽃을 나는 요동에서 마음으로 만난 것이다.

서울에 돌아와 칠월에 아카시아 꽃을 생각하는 것은 천애옥 시인이 쓴 아카시아 시가 마음을 잡아 나를 요동반도로 이끌어서이다.

아카시아 꽃들이 진동하는 향기로 말한다.

질긴 인연 끊지 못해
이 땅에 뿌리내리고
그늘진 구석에 자라는 가슴 저미는 사연

비좁은 천지간에 어이 하리
한 몸 울울히 찢어 땅 한 자락 하얗게 휘감아
바람 잡고 가없는 하늘 길 간다.

죽은 영혼이 깃든 꽃이라 생각하면 스산한 상념이 머리에서 떠나지를 않는다.

다이몬

정부가 고백의 날을 지정해 주었다. 현대를 살아가면서 국민의 건강을 해치는 것은 사람마다 간직하고 있는 비밀을 발설하지 못하고 가슴 깊이 묻어두기 때문이라며 국가는 고백의 날을 범국민적 행사로 지정하였다. 그러나 고백의 날을 정하고 나서부터 사망률이 급증했다는 기사가 신문에 났다. 잘못된 비밀을 수십 년 동안 간직해 두고 있었던 노인들은 그 비밀을 고백하고 난 뒤 갑자기 돌연사하는 경우가 많아졌다는 것이다. 비밀은 죽는 날까지 비밀로 간직하는 것이 더 낫다고 한다. 이것은 2006년 기성작가가 뽑은 좋은 작품인 윤성희의 소설 ≪재채기≫ 단편집에 나오는 이야기다. 이것이 어찌 소설뿐이겠는가. 임종을 앞두고 하지 말아야 할 말을 함으로써 남은 자손들이 겪는 비극도 있다. 늙어서 옛 애인을 만나는 것보다 아니 만나는 것이 더 좋다는 말은 아름다운 추억은 아름답게 간직하라는 말일 것이다.

기울기 시작한 가을 해가 아직은 높은데 고요한 사방은 아스라이 감추어진 비밀을 되살아나게 한다. 비밀을 비밀로 간직하지 못하고 굳이 떠올리는 것은 지은 죄를 속죄 받고 싶은 원초적 본능 때문인지 아니면 고요한 사방의 분위기 때문인지 모를 일이다.

9. 28 수복이 되어 안정은 찾았지만, 서울의 거리는 을씨년스러웠고 지나가는 행인에게 구걸하는 걸인들의 수는 줄지 않았다. 그런 시국에 쌀을 구하기란 쉽지 않았다. 한 푼이라도 아끼는 것이 어머니를 돕는 길이라고 나는 생각했다. 구걸까지는 하지 않았지만, 어린 내 심정은 어떻게 하든 엄마를 돕고 싶었다. 책가방을 등에 메고 동동거리는 전차에 오르면 그날 배운 공부는 생각나지 않고 창밖으로 보이는 상인들의 모습이 들어온다. 어른이 되면 내게 맞는 장사는 무엇일까 하고.

국영으로 운영되던 전차는 회수권이라는 것이 있어 한 달분을 사면 약간의 차액이 남는다. 한 줄에 다섯 장씩 달린 회수권, 한 달분을 사고 나면 마음은 부자가 된 기분이 된다.

책장을 열어 전차표를 세어 보았다. 다섯 장을 삼십으로 곱셈을 하니 불현듯 스치고 지나가는 생각이 있다. 다섯 장을 여섯 장으로 만들면 한 달에 15매가 떨어질 것 아닌가. 생각할 틈 없이 육 등분으로 금을 그어 혀끝에 침을 발라 잘랐다. 굶어 죽을망정 도둑질과 거짓말은 용서하지 않겠다는 어머니의 말도 귀 밖이었다.

떨리는 가슴으로 전차표를 내밀고 앉으면 기사는 받은 표를 찢어 철통에 넣었다. 찢을 바에야 나나 줄 것이지… 찢어버리는 표라면 내 한 장쯤은 속여도 죄가 되지 않을 것이라고 생각했다. 한 번 통과 될 때와 두 번 잡히지 않을 때마다 마음은 달랐다. 사시나무 떨듯이 고개를 숙이고 차표를 내밀던 몸짓이 두 번 세 번째는 아무렇지도 않았다. 어쩌면 내가 하고 있는 이 행위가 별 것 아니라는 생각마저 들었다.

노을이 감홍색을 띠고 동대문 전차머리에 내리던 날 저녁 나는 왜 동대문에서 전차를 탔는지는 기억이 나지 않는다. 무심한 표정으로 찢은 전차표를 내밀자 기사는 조용히 나를 빗겨 세웠다. 다른 사람이 자리에 들어가자 그는 조용히 물었다.

"몇 살이지?"

나는 고개를 숙이고 떨리는 음성으로 12살이요 했다. 그는 조용히 미소를 지으며 다음부터는 그러면 못쓴다고 했다. 지금도 그 일을 생각하면 그 조용한 음성이 들리는 듯하여 낯이 뜨거워 온다.

그 때 내가 한 행위가 그의 눈에 띄지 않았다면 나는 어느 방 철창 속에서 밖을 그리워하고 있을지 모르는 일이다. 바늘도둑이 소도둑 된다는 말은 이에 해당하는 말이 되겠지만, 그 후 나는 남의 것을 훔치는 것, 속이는 것은 범죄라고 생각했다.

어느 사형수가 마지막으로 어머니를 만났다. 눈물로 대기하고 있는 어머니를 만나자 마자 어머니의 귀를 물어뜯었다. 왜 내가 바늘 도둑을 할 때 나를 가르치지 않았느냐는 원망의 표현이었다. 문전에 버린 자식을 금이야 옥이야 키워 놓고 그 자식에게 살해를 당하는 세상이고 보면 나의 죗값을 괴로워할 것까지는 없을듯한데 흉악범도 그날, 내게 깨우침을 주었던 그런 사람을 만났었다면 그의 인생은 지금의 반대의 삶을 살지 않았을까 생각해 본다.

소크라테스는 인간에게는 두 개의 다이몬이 있어 그 자신에게만 들리는 소리로 화답을 하였다. 내게 부끄러움 없이 살 수 있는 다이몬과의 대화를 할 수만 있다면 앞으로 닥칠 죽음이 그렇게 두려움으로 다가오지 않을 것 같다.

법정에서 판결을 내리는 재판관은 같은 죄목에도 우발적 범행인가 계획된 범죄인가를 엄밀히 검토한다고 한다. 그 나이에 다이몬을 알리야 없지만, 나의 범죄는 치밀한 사전 범행임이 틀림없었다. 이제 와서 60년 전의 일을 캐내어 나를 돌아보는 것은 부질없는 참회일 수 있으나 지금도 그 때 지었던 그의 미소를 떠올리면, 고개를 떨구고 서먹한 웃음을 짓던 어린 다이몬이 내게 말한다. 너는 앞으로 얼마나 순수하게 살 수 있느냐고….

오름

서울에서 목포까지 기차로 하루, 풍랑이라도 있는 날이면 떠나는 날을 예측할 수 없던 제주도를 지금은 한 시간이면 도착한다. 집에서 공항까지 가는 시간이면 제주도에 도착하여 점심을 먹고 볼일을 끝내도 시간이 남아 여유를 부리며 서울에 돌아올 수 있는 일일권이 되었다. 과학 문명의 이기를 톡톡히 보는 셈인데, 집안의 경조사가 있을 때마다 꽉 쥔 가계부 끈을 풀게 되어도 아깝다는 생각이 들지 않는다. 올 때마다 느끼는 것은, 제주도가 작은 섬일 것이라고 생각했던 결혼 전의 선입견이 바뀌고 탐라국이라 칭한 이유를 이해하게 된다.

제주 공항에서 시누이 집까지는 어느 길을 택해 가도 한 시간 거리여서 마음이 시키는 대로 길을 정한다. 어느 때는 5·16 도로를 가고 어느 때는 중산간 도로를 택해서 간다. 좌우에 늘어선 야자나무와 차창 밖으로 스쳐가는 철따라 변하는 자연의 풍광이 이국의 정취를 느끼게 해 해외 나들이가 부럽지 않다. 녹색의 유화로 밑그림을 그린 듯한 감귤 밭에는 노랗게 익은 귤들이 탐스럽다. 한라산을 등지고 흰 날갯짓으로 곡선을 그리며 물 위로 차고 오르는 갈매기의 비상飛翔이 수평선으로 사라진다. 오름과 오름 사이를 지나는 상큼한 바닷바람이 이마에 스치면, 안개비처럼 서럽던 시절 다 잊고 제주도사람의 아내 됨을 감사한다.

겨울에 찾아간 5 · 16 도로에는 나뭇잎에 앉은 눈송이가 꽃보다 곱고, 지평선 위로 석양에 물든 감홍색을 띤 낙조의 물밑에는 고뇌가 없는 피안의 세계가 예비 되어 있을 것만 같다. 사람들은 변산의 채석강, 강화의 석모도, 충남의 안면도 낙조를 서해안의 3대 낙조로 꼽고 있지만, 나는 제주의 낙조에서 말로 형언키 어려운 감동을 받는다. 도시에 사는 사람은 감성을 죽이고 살지만, 자연과 더불어 살면 죽어 있던 감성이 다시 살아나고 구름같이 바람같이 살라던 말이 떠오른다.

고향에 사는 사람은 고향이 없다. 제주에 사는 사람은 고향의 아름다움을 잊고 산다. 척박한 땅을 일구며 굴곡의 세월을 살아온 아픔의 세월을 잊지 못하는 이유일 수도 있고 땀 흘린 대가의 당연한 보상이라고 느끼는 이유일 수도 있겠다. 내가 마지막 삶을 제주에서 마치고 싶다면 시누이는 억세고 굵은 손을 가로저으며 "무사 경 고람시냐(무슨 말을 그렇게 하느냐)" 한다. 배부른 사람의 투정으로 생각하는지, 지난날 서럽던 질곡의 세월을 네가 아느냐는 눈빛이다.

미끄러지듯 빠져 나간 햇살의 끈을 잡기라도 하듯 빌린 차로 오르고 내리니 한라산은 어느 사이 내 앞에 다가서 있고, 크고 작은 오름들이 한라산을 어머니로 억만 년을 정답게 살아온 후손들의 분신인 양 다정스럽다. 친구의 남편은 제주도의 오름에 취해 30번을 방문하여 책을 냈다며 제주도 자랑이 나보다 더하다. 나도 지치지 않고 제주도를 찾게 되는 것은 이 오름이 있기 때문인지도 모른다. 오름의 뜻이 제주 방언으로 '작은 산'이라는 명사형이다. 누군가 붙여 준 이름이 정겨워 입 속으로 외워 본다. 설문대할망오름 · 묘지오름 · 새알오름 · 돈두미오름 · 바리메오름 · 노꼬메오름 · 빈네오름 · 금오름 · 도너리오름 · 거문오름 · 괴평이오름 · 붉은오름…. 1,300개가 넘는 오름은 세계 제일의 오름 왕국이라는 말까지 있다. 삼다의 자랑이라는 여자 · 돌 · 바람 중에 오름이 없는 것은 이상한 일이다. 차창 밖으로 보이는 오름은 서로 비껴 앉아 융단을 깔아 놓은 듯 울창한 산과는 너무 다르다.

150억 년 전 우주가 폭발하고 50억 년 전 지구가 생성된 이래 1,400만 년 전 인류가 탄생하기 시작했다면 사람보다 먼저 생겨난 오름은 그 긴 세월 동안 나무도 울창하련만, 몇 그루의 나무와 작은 풀꽃들과 억새풀 외에 받아들이지 않은 오름의 지조는 얼마나 외로웠을까. 거센 바람이 부는 날이면 벗은 야

윈 몸매로 바람을 막으며 알아주는 이 없어도 제주도를 지켜왔을 오름, 그곳에 사는 사람들은 삶의 아픔을 견디며 선으로 모아 빛을 이루며 살아갈 것만 같다. 이념이 무엇인지도 모르면서 목숨을 부지하기 위해 낮엔 우익을 위해 밤엔 좌익을 위해 지은 밥이 목숨과 바꾸어야 했던 역사의 모순을 오름은 알고 있을 것이다. 오름을 보고 있으면 어려웠던 지난 시절 어둡고 괴로웠던 뒤엉킨 일들은 사라지고 맑고 밝은 정신이 침잠되어 오는 것을 느끼게 된다.

안으로는 비애와 좌절을 가슴에 안고 가슴 밑바닥으로부터 슬픔의 앙금을 간직했을 오름은 안개 낀 날이면 승천하려는 용의 형상이 되어 억세고 힘찬 약동이 천상에라도 닿을 듯하다. 그러나 한라산이 모습을 드러내는 화창한 날이면 억세고 힘찬 용기는 어디 가고 오름은 이름 없는 이의 무덤같이 작고 외로워 보인다.

숲은 인간을 사색하게 하고 침묵하게 하고 내면을 충일하게 한다고 하지만, 오름은 고요한 사색보다 모나지 않고 감추지 않은 전부를 드러내며 거짓을 거부하고 정직하게 사는 사람들의 작은 사랑 이야기를 담고 있다. 우거진 숲이 없어 호랑이도 살지 않았다는 오름에 가을이 오면 억새풀 사이로 검은 돌담에 띠를 두른 묘지는 산 자와 죽은 자가 함께 살아가는 모습이다.

지금은 흔적조차 찾을 수 없는 바다를 향해 길가에 누워 있던 그 많은 무덤들을 내가 처음 이곳에서 보았을 때 바다에 나아가 소식 없는 남편을, 아들을 기다리다 숨을 거둔 늙은 여인의 비애의 흔적이었다. 그러나 개발은 그 흔적마저도 용납하지 않아 이제는 기억으로도 사라진 지 오래다. 오름이 무덤처럼 쉽게 없어질 리야 없겠지만, 낮은 곳을 메우기 위해 오름을 헐어 낸다는 신문 기사를 읽은 일이 있다. 헤집어 놓은 흙더미에 오름의 혈맥이 드러났어도 가슴 아파하는 사람은 없는 것 같았다.

잘 다듬어진 아스팔트길 위로 차들의 행렬이 끝이 없다. 그 옛날 서숙으로 끼니를 때우며 척박한 땅 일구던 여인의 모습은 간 데 없고 차창 밖으로 손을 흔드는 아이들의 밝은 미소가 풍요롭기만 하다. 집집마다 차가 있어 짐차와 승용차를 세울 곳이 마땅찮아 이웃과 얼굴 붉히는 일이 생긴다며 멋쩍게 웃는 조카의 얼굴엔 자부심이 스치는데 나는 명치끝이 저려온다.

북제주군에 있는 다랑쉬오름은 반세기 전 이 땅의 사람들에게 잔혹한 피울음으로 남게 한 현장이기도 하다. 이념의 대립이 무엇인지도 모르면서 4·3 당시 산으로 피신했던 주민들은 오름 주위에 굴을 파 은신처로 삼았다. 토벌대에 의해 몰살당한 시신 11구 속에는 여인과 어린이도 있어 영혼이 있다면 오름의 자락마다 피울음을 울었을 원한을 오름은 어루만지고 있지 않았을까. 시인 이상하는 한라산에서 오름을 보며 이 땅을 혓바닥을 / 깨물 통곡 없이는 / 갈 수 없는 땅, / 발가락을 자를 / 분노 없이는 / 오를 수 없는 산"이라고 노래했다.

제주도를 발전시켜 세계적 항구 도시로 만든다는 개발의 혜택을 밀어낼 이유는 없다. 밀려드는 시류를 밀어낼 이유는 더더욱 없다. 그러나 사라지는 오름의 빈자리는 아무 일도 없었던 것처럼 세월만을 메우고 있다.

최선을 다해 살아도 그 자리여서 고향을 떠나 타향처럼 낯설게 살던 사람들도 오름을 잊지 못해 돌아올 것만 같은데….

부모가 자식을 기다려 주지 않듯 오름이 제주도를 떠나면 어찌 하나, 물어 볼 곳이 없다.

평양에서 머리를 깎고

민화협회 주최로 5박6일 일정으로 북한을 가기로 하였다. 제주도 민간 단체임으로 정치성은 없었고 해마다 귤과 당근을 북한에 보낸 답례로 우리의 방문을 수락해 준 것이다. 아무튼 관광의 의미보다 남북 간 민간 교류의 의미를 띠고 있어 긴장감은 들지만, 264명이 여덟 조로 나누어 편한 마음으로 평양과 백두산까지 다녀오기로 하였다.

편하게 다녀오자고 마음은 먹었으나 남북이 갈라선 지 60년의 세월이 지나가고 있으니 이질감에서 오는 긴장감은 늦출 수가 없었다.

떠나기 전 교육을 받아야 한다고 책임자는 말하였으나 특별한 사항은 아니고 간단한 이북 말들을 농담처럼 알려 준다. 한 등불은 불알, 여러 개의 등불은 떼불알이라고…. 웃음을 자

아내지만 사회자는 이것이 순수한 우리말이라고 했다. 딴에는 긴장감을 풀어주자고 하는 말 같은데 아무도 웃는 사람이 없어 나만 소리 내 웃었다.

개인적으로 돕고 싶은 사람은 작은 선물이라도 마음을 담아 준비하면 좋겠다는 언질도 주었다. 혈육의 정을 찾아가는 이산가족의 방문단은 아니라 해도 저마다 떠나는 사람들의 마음은 각기 다른 듯하다. 말로만 듣던 북한 실정을 눈으로 확인하고 싶어 가는 사람이 있는가 하면, 여행에 대한 호기심으로 임하는 사람도 있고, 통일이 된다면 남보다 먼저 사업의 길을 구상하기 위해 떠나는 사람도 있었다.

한 시간도 못 되어 비행기가 평양 공항에 도착하자 나는 이렇게 가까운 곳이 59년 동안이나 왕래가 끊겼었다는 사실이 허망하고 허망하다는 생각이 들어 트랩을 내리는 발걸음이 허탈했다. 말 그대로 멀고도 가까운 곳, 서울에서 제주도를 가는 시간밖에 걸리지 않는 거리를 오는 데 60년을 기다렸다니!

민협의 방문단이라고는 해도 호텔 밖 자유행동은 금지되어 있으니 출입은 삼가 달라는 인솔자의 말에 겁을 먹었다. 정복 차림을 하고 함경도 사투리로 우리에게 말을 건네는 검시관의 말은 무엇을 물어도 답할 수 있는 우리말, 마음 같아서는 두 손을 맞잡고 함께 마음을 터 놓고 살자고 하고 싶지만, 그것은 마음뿐이다. 철의 장막으로 막혀 있던 이곳 평양 땅을 밟은 것만도 꿈같은 일이 아닌가. 60년 동안 가족을 그리는 이산가족의 아픔이 어떠했을까. 혈육의 생사조차 알 수 없는 길, 통일은 아니더라도 보고 싶은 사람의 얼굴만이라도 볼 수 있는 날이 오기를 기다리다가 이승을 떠난 사람들이 얼마나 많은가.

평양에서 유명하다는 고려호텔 32층에 여장을 풀었다. 차창 밖으로 시내를 굽어보니 어깨를 나란히 한 고층 아파트가 자로 잰 듯 길 좌우에 늘어서 있고, 멀리 보이는 높은 건물들엔 붉은 바탕에 흰 글씨로 내일의 기강을 국민과 다짐하는 표어가 여기저기 걸려 있다. 내용은 한결같이 장군에 대한 존경과 각오이지만 그 중에서도

"오늘을 위해 오늘을 살지 말고 내일을 위한 오늘을 살자."

는 문구가 눈길을 끌었다.

해야 할 일과 하지 말아야 하는 일이 구분되어 있다면 그는 행복한 사람일까. 이곳에서 사는 사람들은 스트레스라는 말을 모르고 사는 것 같았다. 스트레스란 타인에 의해 생기는 심적 고통보다 스스로 만든 고통이 더 많다고 한다. 내가 아는 친구의 어머니는 축구 경기라면 밥 먹는 것도 잊고 흥분하는 아들을 도저히 이해하지 못한다. 서로서로 나누어 공을 차면 될 일을 공 하나를 놓고 사생결단을 벌이는 축구를, 아무리 설명을 해도 이해하지 못한다. 어머니의 말은 서로 공평하게 나누어 가지고 차면 편할 것을 왜 그토록 뺏고 빼앗기며 차느냐는 말인데, 친구는 그런 어머니를 가진 자신이 참으로 행복하다고 말한다. 그녀는 언제 만나도 웃는 얼굴이다. 스트레스란 그에

게 끼어 들 자리가 없어 보였다.

스트레스가 쌓이면 나타나는 증세는 사람마다 다르다. 식탐이 생기는 사람이 있고, 대책 없이 신용카드를 마구 긁어서 사온 물건을 방안 가득 풀어헤쳐 놓고도 지불해야 할 걱정은 조금도 않고 그 순간이 그렇게 행복할 수가 없다는 것이다.

나도 스트레스가 쌓이면 그와 비슷한 증상으로 머리를 자르는 버릇이 생겼다. 애써 길렀던 머리를 짧게 자르고 나서 거울에 비친, 달라진 나의 모습을 보면 우울함이 사라지고 불안감, 긴장감이 해소되며 마음이 정화되어 심리적, 정서적 안정을 찾는 묘한 감정이 내 안에 자리를 잡는 것이다.

이곳에서 나는 갑자기 머리를 자르고 싶어졌다. 스트레스 때문에 생기는 그런 감정만은 아니었다. 긴 머리는 아니지만, 평상시 가졌던 그런 마음이 아니라 다시 못 올지도 모르는 이곳에서 머리를 자르고 간다면, 그곳 실상이 어떠했느냐는 주위 사람들에게 들려줄 이야기 선물을 만들고 이곳 사람들의 향기도 맡아 가고 싶었다.

미장원 문을 들어서는 나를 미용사는 꾸미지 않은 웃음으로 맞는다. 권해 주는 의자에 앉아 우리는 거울 속에서 오랜 만남이 있었던 사람처럼 마주보며 웃었다.

"어떻게 짜르겠습네까?"

어차피 모양을 내기 위함이 아니었기에

"알아서 잘라 주세요."

하였다. 사그락 사그락 소리는 나는데 뒷머리부터 자르는 연장이 어떤 것인지, 그녀의 손놀림이 궁금했다. 고개를 돌릴 수도 없고 한참을 소리만 들으며 눈을 감았다. 그녀는 조심성 있게 물었다.

"남측에서 오셨디오?"

나는 눈을 뜨고 그렇다고 대답했다. 오른손에는 면도칼이 거울에 비쳐졌다. 50년대에 날이 선 면도칼을 접고 펴며 놀다가 외조모께 꾸중을 들었던 그런 면도 기구가 아닌가. 집게 손을 쥐고 머리칼을 낱낱이 세듯이 정성을 다해 머리칼을 자른다. 어머니가 딸의 머리를 보듬어 정성을 다해 다듬어 주는 그런 표정이었다. 얼마를 그렇게 자른 뒤 가위는 머리칼은 없어도 솜사탕을 자르듯 머리 위에서 살짝 지나만 가는데 소리가 나지 않았다. 그녀의 손이 솜털보다 가벼웠나 보다. 나는 그러는 그녀가 고맙기도 하고 미안하기도 하여 적당히 해달라고 몇 번을 말했지만, 내 말은 들은 척도 하지 않고 머리 자르는 데만 신경을 쓰고 있었다.

"통일이 어서 되어야디요. 이렇게는 못 삽네다. 하루 빨리 미 제국을 깨부수고 우리끼리 통일을 해야 합네다."

손은 열심히 움직이면서도 그녀는 통일을 생각하였나 보다. 나도 조용히

"그렇지요."

하며 자리에서 일어나려는데 뒷거울을 어깨에 얹으며 보라

고 하는 것이다. 그런데 거울을 보며 자리에서 일어나는 순간 뒷모습이 만족스러워 나도 모르게 "OK!" 하는 경쾌한 목소리가 흘러나왔다. 거울에 비친 그녀의 얼굴이 웃는 듯 우는 듯하다가 곱게 웃는다. 나도 우는 듯 웃는 듯한 얼굴을 하다가 숨을 죽이며 미장원을 나섰다.

잡초

아내의 말이라면 콩으로 메주를 쑨다고 해도 믿지 않던 남편이 혈압과 협심증은 약보다 맑은 공기가 좋다는 의사의 말을 듣고 생각할 틈도 없이 양평에 집을 샀다. 살고 있는 집을 팔아야 옮길 수 있는데 덜컥 사고 보니 걱정이 여간 많은 것이 아니었다. 열두 폭 치마에 감싸 안아도 모자랄 것 같은 걱정이 들면 나는 마당에 나가 잡풀을 뽑는다. 잔디 사이를 비집고 나오는 세모고랭이, 노느메기, 바랭이, 클로버, 씀바귀, 민들레, 쑥부쟁이 등…. 오른 손으로 호미를 쥐고 왼손으로는 풀줄기를 잡고 뽑았을 때 뿌리째 뽑혀 나오는 실핏줄 같은 잔뿌리에 흙을 터는 순간, 개운한 기분은 일찍이 맛보지 못했던 느낌이다. 그렇다고 내 뜻대로 뽑혀 나오기만 하는 것은 아니다. 뽑힐 바에는 자결을 하겠다는 듯이 줄기만 댕강 잘리고 당당하게 뿌리를 박고 있는 것도 있다. 그럴 땐 식물이라도 내 뜻을 거역하는 것 같아 호미로 기어코 뽑아 돌 위에 얹어 놓는다.

오늘은 아침부터 밀짚모자를 쓰고 이 잡듯이 잡풀과의 전쟁을 하기로 하였다. 하룻밤 사이 잔디 사이를 비집고 목을 길게 드리우고 나와 있는 풀이 있는가 하면 맨땅이 보이는 곳에선 기습적으로 어린 씨앗들이 소복하게 나와 있다. 말을 못하고 움직이지 못하니 저 나름대로 숫자로 승부를 걸어 보겠다는 심사다. 석회처럼 솟아난 어린 싹들을 호미로 무자비하게 흙째로 긁어 놓는다. 자리만 옮겨도 다시 싹을 틔우는 잡풀의 생존이 사람 살아가는 것과 다르지 않다는 생각이 든다.

허리를 펴고 일어나 파랗게 올라온 잔디를 한 눈에 바라보며 손을 씻으니 그렇게 기분 좋을 수가 없다. 시간만 나면 내가 서둘러 양평에 가는 것은 잡초가 있기 때문인지도 모른다. 눈에 띄기만 하면 가던 걸음을 멈추고 잡풀을 뽑아내는데 멈칫 손이 머문다. 비명 한 마디 소리 내지 못하고 뽑으면 뽑는 대로 몸을 내주는 잡초 속에 눈곱만 한 흰 꽃을 달고 있는 냉이꽃과 눈이 마주쳤다. 순간 애절한 기분이 들어 아름답기보다 슬프다는 생각이 들지만 나는 외면하고 뽑는다. 소리를 지른다면 내 손이 멎었을까? 손은 이미 냉이뿌리를 잡아챘다.

새싹을 피우고 있는 느릅나무 토막을 자르려다 단두대를 떠올리고 차마 그 나무에 톱질을 할 수 없었다던 러시아의 작가 솔제니친, 그는 어떤 성품을 지닌 사람이었을까?

나는 문득 내가 하고 있는 이 일이 악행을 저지른 히틀러와 무관하지 않다는 생각이 들었다.

역사는 승리자에 의해 써지고 패배자에게는 장점은 지워지고 단점만이 부각되어 그의 행적에 좋은 점이 있었더라도 감추어지는 것이 역사의 기록이다. 하지만 유대인 60만을 죽인 그의 행적을 어떻게 두둔하여 그의 입장을 설명할 수 있단 말인가. 친구에게 어떻게 사람의 목숨을 60만이나 살해할 수가 있느냐고 말하였더니 잘못된 숫자라며 30만이라는 수로 정정해 주었다. 전쟁도중 연합군의 폭격과 질병으로 인한 유대인들의 죽음과 2차 대전 후 소련군(스탈린)의 무차별 살생이 60만 숫자 속에 포함 된 수이므로 실지 히틀러가 한 행위는 30만이라고 알려 주며 그의 업적이 주는 영향이 인류역사에 나쁜 것만 있었던 것은 아니라고 말해 주었다. 그녀의 말 속에는 생명의 소중함을 숫자로 말하는 듯했다. 숫자야 어찌 되었든 한 사람의 손에 고귀한 생명이 잡풀처럼 사라지게 한 역사가 천 가지의 사념思念을 일게 하고 만 가지의 상념想念을 묻게 하여 희대稀代의 독직사건이지만 그를 미워할 수만은 없었다. 지난날의 과오를 반복하는 것도 변화의 하나로 인류의 역사는 과오를 번복하면서 오늘을 이어오고 있지 않은가.

열렬한 독일 민족주의자였던 히틀러는 세계 속에 게르만 민족의 우월성을 내세워 단일 국가를 세우려 했다. 일차대전 이후 쓰러진 독일의 경제를 일으키며 실업자에게 일자리를 줌으로써 국민에게 새로운 희망과 용기를 주는가 하면 군사기술을 개발해 세계최초의 신무기 개발의 기초가 되게 하였다. 그보다 히틀러가 없었다면 일본 동맹은 없었을 것이고 진주만 공격 또한 없었을 것이며 우리의 해방도 단정할 수 없었을 것이다.

콧수염을 달고 오른 팔을 대각선으로 뻗으며 청중을 압도하는 연설 모습을 TV에서 만날 때면 인정은 배제된 사람 같아 그런 일을 할 만한 사람이구나 했었다. 그러나 그의 내면에도 인정미가 있었다는 사실이 놀라웠다.

히틀러가 친구 Gustl와 수영을 하러 간 일이 있었다. 수영하는 아들의 모습을 보려고 친구의 어머니가 바위 위에 앉아 잘못하여 미끄러져 물에 빠졌다. 위험한 상황임에도 생각할 틈 없이 물속에 뛰어들어 친구 어머니의 목숨을 구하고 생신때마다 잊지 않고 선물을 보냈던 그의 자애한 성품이 어떻게 수십만의 목숨을 하찮게 여기는 결단을 내릴 수 있었던 것일까. 마음은 단순한 감수성의 영역이 아닌 모양이다. 이것 또는 저것을 바라는 원인에 의해 결정되었고 그 원인은 또 다른 원인에 의해 결정되었기 때문은 아니었을까.

영국의 황태자 에드워드 윌(Edward will)은 "세계 역사상 히틀러만큼 위대한 사람은 없었다." 라는 말을 하였고 박정희는 히틀러는 자기 민족을 잘살게 하기 위해 투쟁한 사람이라고 말했다. 온갖 지혜로도 알 수 없는 것이 내면의 인간성이라면 그들이 본 히틀러는 원초적 내면의 인간다움을 보았기 때문은 아닌지 모를 일이다.

결혼은 인생에 도움이 안 되고 모든 것에 방해가 된다고 생각했던 히틀러, 23년이라는 나이 차이 나는 에바 브라운은 16년 동안 히틀러를 사랑했지만 언제나 히틀러의 사랑 밖에서 갈증을 느꼈다. 에바에 대한 마지막 배려였는지 죽기 하루 전 에바와 결혼식을 올렸다. 이제는 행복한 가정을 이룰 수 있다고 믿었던 그들에게 다음 날 히틀러는 권총 자살을 했고 에바는 청산가리를 마시고 자살했다.

아우슈비츠수용소 벽면에 적혀 있는 글귀가 가슴을 울린다. "아우슈비츠보다 더 무서운 것은 단 하나 인류가 그것을 잊는 것이다."라고 써 놓았다. 과거의 잘못을 돌아보고 미래의 반성을 갖자는 말이겠지만, 인류의 평화는 멀게만 느껴진다.

잔디밭을 가꾸기 위해 잡풀을 뽑다 지쳐 이제는 잔디와 어울려 피는 민들레, 냉이, 물망초 등 다른 풀과 함께 두고 보니 그렇게 아름다울 수 없더라는 어느 연예인의 글을 신문에서 읽고 나도 그렇게 하면 균형과 조화미가 더 있을 것 같다는 생각을 했다. 하지만, 파란 잔디밭 이곳저곳에서 다른 풀들이 솟아나는 엇박자가 싫어 생각은 그렇게 하고 싶은데 마음이 내 뜻을 따르지 않는다.

큰 나무 밑동에 숨어 핀 애기똥풀의 여린 잎은 태양 볕에서는 잎을 늘어뜨리고 기운이 쇠잔하다. 눈을 딱 감고 줄기를 움켜잡고 뿌리째 뽑으니 노란 진액이 손바닥에 묻는다. 개의

치 않고 또 다른 잡풀을 뽑으려고 눈을 번득이는 내 모습이 스스로 생각해도 측은하기만 하다.

■ 연보

• 약력

1938년 11월 2일 출생.

1941년 유아기를 경북김천에서 보내다. 함경북도 청진으로 이주.

1945년 사선을 넘어 남하함. 서울 서대문 초등학교와 중앙여고 졸업.

1963년 이화대학 국문과 졸업과 동시 결혼, 4남매를 두다.

1993년 수필공원(현 에세이문학)으로 등단. 한국문인협회, 국제펜클럽 한국본부회원, 청하문학, 충이회, 서울시단 회원, 수필문우회 운영위원, 이대 문학상 실행위원.

• 수상

2004년 한국문인상 수필부문 수상.

• 저서

2003년 ≪한 장의 흑백사진≫ 출간.
원문으로 국제 도서관 ≪mothers song≫ 비치.

• 공저

≪서호로 가자스라≫, ≪오월의 열하≫, ≪실크로드의 봄≫(규장각에 비치되어 있음).

현대수필가 100인선 · 72
박영자 수필선

앞산이 보이지 않는다

초판인쇄 | 2010년 8월 5일
초판발행 | 2010년 8월 10일

지은이 | 박 영 자
펴낸이 | 서 정 환
펴낸곳 | 좋은수필사

주 소 | 서울시 종로구 익선동 30-6
운현신화타워 빌딩 3층 305호
전 화 | 02)3675-5635, 063)275-4000
등 록 | 1984년 8월 17일 제28호
홈페이지 | http://www.shinapub.com
e-mail | essay321@hanmail.net

값 7,000원

ISBN 978-89-5925-341-8 04810
ISBN 978-89-5925-247-3 (전 100권)